口碑

雷军和他的小米之道

丁会仁◎著

北方联合出版传媒(集团)股份有限公司
万卷出版公司

2015 年，《时代周刊》评选出了年度全球百位最有影响力的人物，雷军成为唯一入选的中国企业家。

当传统行业遭受互联网的强大冲击之后，很多企业都面临两种结局：颠覆，或者被颠覆。互联网时代的到来正如第二次工业革命普及了机器大生产一样，吹响了第三次工业革命的号角。和传统时代相比，互联网时代是用户做主的时代，消费者的需求往往决定了一个产品的概念、外观和功能，企业只有站在用户的角度进行思考，才能赢得市场，而这正是雷军推崇的"参与感"。

在小米获得飞跃式的发展之后，很多人企图复制小米的成功模式，努力钻研小米成功的七字诀：专注、极致、口碑、快。可惜，很多人只停留在表面，并没有深入小米的内部基因，众多模仿者不仅没有变成"第二个小米"，反而在竞争浪潮中湮没无闻。

对此，柳传志给了大家一个残酷的答案："小米模式几乎是属于不可复制的模式，只有雷军这个人才能做出来。"

2010年4月6日，雷军和他的创业团队一起喝了小米粥，随后，以互联网思维为主导的商业模式，正式进军手机行业。虽然此时的雷军已入不惑之年，但在他的内心中却始终憋着一团创业的烈火，并且他坚信自己一定能成功。做了这个决定之后，雷军将前半生积累的财富、人脉、经验都押给了小米，并将小米的全部胜算押在了互联网上。雷军发誓：要为18岁的梦想奋力一搏。

是放手一搏，还是破釜沉舟？对于雷军，这已经不重要，重要的是，他的职业生涯已经印证了"唯有偏执狂才能生存"的至理名言。

在金山打拼的十六年，雷军帮助求伯君力挽狂澜，多次将金山从业务崩溃的边缘拉回到正轨；在变身为天使投资人之后，他又拯救了一大批初创型企业于解散的前夜，为国内的互联网生态创造了良好的生存环境；在成立小米科技之后，雷军更是用破坏式创新成为行业搅局者，用粉丝经济扩大了小米的市场份额。

可以说，小米的成功得益于互联网思维的灵活运用，正如雷军所说："我们不是一家手机企业，而是一家互联网企业。"现在，有万千的米粉们追随着小米的成长步伐，是因为小米进行了两大破坏式的创新：

第一，它让用户参与到智能手机系统 MIUI 的研发和修正工作中。

第二，它引领了移动互联网时代的浪潮，凭借互联网思维打造出了一个手机品牌。

当中国手机市场响彻着"为发烧而生"的口号时，用户苏醒了，他们意识到自己可以成为产品的开发者；同行震醒了，他们发现不替用户思考的企业注定没有前景；市场惊醒了，它认识到传统制造业只有通过变革才能适应新时代的需求，否则只能被后来者反超。

雷军将乔布斯视为偶像，他继承了苹果的极简主义，也融入了中国消费者的特定需求；他学习了苹果的体验至上，不断从体验出发去完善产品。在精神领域，这位中国的"雷布斯"已经具备了和乔布斯隔空对话的资本。

阅历丰富的雷军，被认为是二十年来中国互联网业发展史的见证者，又被称为"中关村劳模"和"中国 IT 界活化石"，他已经成为企业界的明星人物。

创业路上多艰险，唯有披肝沥胆，不忘初心，才能走得更远。2016 年，小米遭遇滑铁卢，有人预言雷军会失败，也有人唱衰小米将死，然而在 2017 年，逆境求生的小米成功翻盘，创造了营业额破千亿的纪录。2018 年，小米 IPO 的消息得到证实，等待它的将是再一次高歌猛进式的发展。

雷军正以常人难以捉摸的思维和视角，积极布局小米的生态链，用"顺势而为"的哲思去缔造成功的神话。

　　正如雷军流传甚广的那句名言——只要站在风口上，猪都能飞起来。或许，小米真的会成为一个神话，雷军也真的会成为一个传奇。

目录

目　录

目 录

第七章　新零售，搭上时代拐点的快车

第八章　小米帝国的战略纵深

第一章

小米新风口，

启动 IPO

启动 IPO，小米再次站到风口

进入 2018 年后，小米内部都流传着一个段子：员工的身价和工号绑定——越早进入小米，手上的期权就越多，前 100 号可能会成为亿万富翁，前 1000 号至少也是千万富翁。

为什么会有这个段子？因为小米要上市了！

从 2017 年年底开始，有关小米 IPO 的消息接踵而至，传言称小米将在 2018 年首次公开募股，估值为 1000 亿美元。这条消息的热乎劲儿还没过，一个月后媒体就将小米的估值翻倍到 2000 亿美元。

就在真假难辨之际，相关消息得到了证实。2018 年 1 月 19 日，小米召开上市启动会并设定了目标：成为港股上市政策调整后以非标准股权登陆香港资本市场的第一家互联网公司。不过，小米对 IPO 的细节却讳莫如深，比如上市时间和上市地点。

一直不缺少话题和关注的小米，突然又一次立在了风口。

"只要站在风口，猪也能飞起来。"雷军的这句话是乍听粗糙、细品有理的箴言警句。的确，小米从创建之初就将自己推到了风口，承受着"行业搅局者"的指摘，被贴过"屌丝专用"的标签，经历了 2016 年的低迷又在 2017 年完美逆袭，终于稳稳地站在了国产智能机崛起的时代风口。如今，不管外界存有多大偏见，小米都当仁不让地成为割据一方的互联网大鳄。

小米即将上市的消息，无异于在互联网界投入了一颗重磅炸弹，各种疑似 Pre-IPO 文件接连被"曝光"，证监会高层约谈的消息也时常"被透露"，这让小米浑身上下充满了话题感。那么，小米为什么突然宣布要上市了呢？

早在 2015 年时，雷军曾信誓旦旦地表示，小米 5 年内不会上市，然而几个月之后又改了口风："考虑到投资人和员工诉求，小米公司并不排斥 IPO。"于是，在之后的两年内，媒体总会不间断地报道有关小米准备 IPO 的消息，亦真亦假，以至于大家对这个话题都麻木了。

2017 年，雷军赴美参加高通 2017 骁龙峰会。在会上，当媒体询问小米 IPO 的消息时，雷军作了这样的回应："我没有什么好说的。"然而当天就有消息放出，小米邀请银行准备递交 2018 年安排首次 IPO 的标书，这个消息可是把不少人雷到了。

从避谈上市到模棱两可再到板上钉钉，雷军的态度转变飞快，不免让一些人作出猜测：如果小米上市，按照2000亿美金的估值，雷军很有可能超过贝佐斯成为世界首富，因为他持有小米77.8%的股份。

选择上市，难道是雷军急着当首富吗？

雷军不是狂热追求个人财富的葛朗台，他说过："我们投资可变现的资产，已经是个天文数字。"实际上，雷军除了创业项目之外，他的投资生意同样做得有声有色，不仅拥有小米科技等一系列生态链企业，在他身后矗立的是更为庞大的"雷军系"商业帝国。据不完全统计，作为天使投资人，雷军个人投资的企业就多达33家，累积投资项目为460个。

说到底，雷军本人不缺钱，但是小米缺得厉害。

纵观国内创业公司的融资状况，无论是从速度还是从频率上看，大家都在比着提速，虽然小米有稳定的现金流，然而小米生态链的不断延长和小米之家线下门店的急速扩充，正在拉高小米的供应链需求，尤其是在全球化的开疆扩土中，想要抢占有利阵地，没有稳定的资金链是玩不转的。这样看来，上市不可避免。

2017年是小米最能折腾的一年。对外，小米积极拔出腿挺进国际市场，对内，与华为、vivo、OPPO等强敌鏖战，这种战略节奏已经不单纯是开拓市场的必然选择，更是想刺激海外投资机构对小米的关注，为日后的上市搞定群众基础。

根据一些媒体报道，小米目前已选择摩根士丹利和高盛作为IPO承销商，而德意志银行、瑞士信贷以及中信证券也将参与IPO。小米生态链上的华米科技，已经正式提交了IPO招股说明书，在美国上市指日可待，或许要为小米的 IPO 打了头炮。

据接触过雷军的内部人士说，小米上市不可能那么快，最早也要年底。果然是好饭不怕晚，不过在这场盛宴烹饪之前，小米产业链板块已经闻风而涨，据说投资圈的各位大佬正在对小米的股份进行疯狂"扫货"。

有媒体猜测，小米的上市很可能是在香港，这背后又隐藏着何种深意呢？

对小米而言，港交所蕴藏着巨大的商机。2017 年，香港恒生指数上涨 36%，可谓牛气冲天，香港市场的整体造好和相对完善的金融市场秩序是其他地方比不了的，而且由于地缘优势，国内外投资者都愿意接受小米这样的新经济类公司，反观在美国上市的搜狗，混得就不怎么好。更重要的是，如果小米在香港上市，未来还有机会以红筹股的身份回归内地，可进可退，灵活性和适应性更强。

在小米上市这个问题上，雷军的确食言了，但这并非是朝令夕改，而是沉重的责任感强压造成的犹疑。十年前，雷军带领金山准备上市时也曾犹豫不定，直到上市后，雷军才感慨地说，虽然金山的 IPO 是企业发展的一个阶段，但对他来说却如同攀爬珠峰。

雷军还完了金山的债，现在该轮到小米了。

和金山相比，小米搭上了功能机被智能机取代的时代拐点，不过雷军并没有放弃反思精神，他在小米创办之初就对比了金山当年过于专注软件而忽视市场大环境的教训，他不能重蹈覆辙。

其实在 2014 年，小米是有机会上市的，当时雷军已经拿到 11 亿美元融资，估值猛涨到 450 亿美元，然而他并没有盲动，因为当时的小米还没有建成丰富的生态链，业务单一，不可能单靠现金流和其他互联网公司以命相搏。从这以后，雷军一直避谈 IPO 的事情。

雷军对上市的谨慎，一方面源于金山的前车之鉴，另一方面也是生存环境使然。2017 年的种种迹象表明，小米很难在 2018 年继续维持高速增长，国内市场很可能会遭遇行业性的瓶颈，销售量甚至会低于 2017 年。

国内红海浪涛汹涌，国外号角声同样齐鸣，小米会一边吃力地打攻坚战一边不敢放慢扩张的步伐，而资本密集型的企业属性掣肘了小米的推进节奏，雷军只有将资金链的安全系数放在关注的第一位，才能确保小米阵脚不乱。从这个角度看，上市也是一条自救出路。

十年光景，让雷军重新带领小米走上 IPO 之路，当然对他而言，上市并不仅仅是融资，也是为了将小米标志性地打造为成功企业的外显过程，只要小米成功上市，雷军就赢回了错过的互联网黄金十年，圆满旧梦，弥补缺憾，让他的个人创业梦和小米的基业梦同步实现。

虽然上市公司会面临更多无法预测的风险，但小米毕竟是掌握在创始团队手中的企业，拥有更多的主动权，而雷军的领导力和团队的掌控力，会尽量将风险遏制在有限范围内。或许，雷军正是依靠这些才最终说服了自己。

弹指一挥间，十年诸事变。IPO 将是小米的一个新风口，也是雷军执掌这艘巨轮驶向大洋的新航道，究竟能飞多高多远，唯有拭目以待。

逆境重生，设计界给雷军点赞

2016 年，在小米的企业日志上应该标注为"2012"。

这一年，小米遭遇了严重的产能危机，以小米 5 尊享版为例，产品发布了三个月，消费者都没能拿到真机，只能望眼欲穿地苦等，微博上大骂小米"耍猴"的留言长达 40 多页，小米的其他机型也销量下滑，负面新闻不断。

发愁的不只是雷军，还有他的合作伙伴。京东 CEO 刘强东在内部会议上追问"小米到底怎么了"，因为这是他一直关注的三家公司之一。除此之外，运营商们也担心小米的未来，因为动辄千万台的包销协议可不是闹着玩的。

如果小米倒下，对合作方来说就不是兔死狐悲的问题了，而是伤筋动骨。

不过，也有些人对小米的走低很"乐观"，他们似乎看到了小米神话破灭的征兆，于是，唱衰小米的声音充斥互联网。

小米到底发生了什么？主要原因是供应链出了问题，准确地说，小米得罪了几乎所有供应商。

小米这种商业模式，很容易被供应商牵着鼻子走，而且因为发展速度太快也会损害供应商的利益。比如高通，曾经将骁龙 1.5GH 芯片当作宣传重点，想要借助小米做一回广告，然而小米出于多产品线的考虑选择了联发科，一下子得罪了高通。反过来，联发科也不高兴，因为小米把他们的当红芯片装到了红米身上，直接划入到了低端机行列，让打算冲击高端市场的联发科变成了"低端货"的代表。

后来，有不少供应商发现一条真理：与小米合作就没有共赢。为什么？因为小米的掠夺性太强，而且不按套路出牌。

当然，雷军也知道小米模式容易让人不爽，所以他尽量平衡与各个芯片厂商的关系，可是有一句叫作："讨好了所有人就等于都没讨好。"尤其是在手机行业，整机厂商可不是大爷，关键零部件厂商才有话语权，像中兴、联想这样的厂家都被坑过，华为被坑得没脾气了，最后干脆自己研究芯片了。

就是在这样的供需关系中，小米的员工得罪了三星。

那是在小米 5 发布前，三星半导体中国区的高管和小米的供应链团队见面，结果小米这边态度很差，和对方发生了激烈的争吵，桌子被拍得震天响，双方不欢而散，结果就是，三星AMOLED屏幕拒绝给小米供货。

得罪完了三星，小米又得罪了日本的一个供应商，不过这次没有吵架，而是让人家在雷军的办公室外面等了三个小时，这倒不是雷军的错，而是小米的供应链负责人没有协调好。

当篓子捅大了之后，雷军只好将总负责人周光平调离，任命他为"首席科学家"，其实就是内部离休。雷军亲自抓供应链，光是三星总部据说就去了三四次，为的就是向三星道歉并希望继续合作，不过都无功而返。一来二去，雷军也实在吃不消了，就找到了紫米科技的创始人张峰接管供应链团队，局面终于有了改观。

供应链能否稳定运营，不在于你出多高的价格，而是懂不懂得策略，能不能维护好和供应商之间的关系。

就这样，小米艰难地度过了一年之后，雷军发布了一封公开信，亮出了小米2017年第二季度的成绩单：单季出货量2316万台。

这是一个完美的逆袭。用雷军的话说，小米进行了一次全方位的补课，这才转危为安。

第一，提高技术。

马云说过，营销是最好学的。单靠耍嘴皮子去获取用户，只能玩一时而不能玩一世，实打实地提高技术含量才是王道。2017年发布的澎湃S1处理器芯片和全面屏，让小米重回公众的视线。雷军是程序员出身，小米则是以工程师文化为主导，不在技术上下功夫就说不过去了。所以小米自主研发芯片，成为全世界仅有的四家同时具备手机芯片和手机整机的企业，减少了被人牵着走的软肋。

至于全面屏，虽然首创者是夏普，但是雷军运用营销策略放大了它在小米手机上的光芒，让不少米粉为之心动，引发了业界集体跟进全面屏的热潮。除此之外，雷军将比拼专利放在了和营销同等重要的位置上，目前小米在全球累计专利申请总量高达24000多件，当仁不让地成为了"专利大户"。

第二，聚焦品质。

品质就是企业的生命线，也是产品的血统证明，尤其是手机这种和用户高度绑定的产品，质量好不好，用户玩半天就能发现，如果体验得不爽，难免会在网上吐槽一下，品牌美誉度就打了折扣，所以雷军说："初创时是创新决定我们能飞得多高。这么多年后，品质能决定我们能走多远。"

在雷总的授意下，小米在2017年成立了质量管理委员会，每个星期都要召开质量会议，还成立了质量办公室，死磕品质，在雷军的督导下荣获"中国制造2025"十佳品质奖，雷军本人也获得了2017"质量之光"年度质量人物，至此，小米甩掉了"山寨"的标签。

第三，调整营销。

一直以来，小米在广告方面投入得不算很多，主要还是依靠米粉的口头传播，现在小米也学会了综艺冠名、楼宇广告以及请明星代言的方式，雷军自己也走进综艺节目，特别是请吴亦凡做代言，俘获了不少女性用户的芳心，毕竟小米的初始用户以男性为主。现在受众面大了，手机也好卖了。

第四，进军海外。

雷军曾经自豪地说过："我们推动了整个智能手机的普及，今天我们在印度受欢迎，在印尼受欢迎，在俄罗斯受欢迎。我相信去了美国，我们也都受欢迎。因为这是人性，每个人都渴望买好的、价格厚道的产品……"现在，小米挺进到 70 多个国家和地区，在 16 个国家销量排名进入前 5，用海外市场给总销量保底，称得上是旱涝保收。

第五，布局线下。

2016 年的销量下滑，和小米过度依赖线上渠道有关，毕竟线上只占据整个手机零售的 10%，当触碰到行业天花板之后，必须要"低头去看线下"。虽然小米的线下渠道和 vivo、OPPO 这些常年深耕线下的友商没得比，但是小米玩的是"内涵"——店铺里不仅只有小米手机，还有小米生态链上的其他产品，这种兜售"科技生活"的方式也带动了销售和知名度。

第六，同行犯错。

郭德纲有一句话叫："不是我多么出色，都是同行们的衬托。"这句话也可以用在 2017 年的手机市场上。就在前一年，乐视赔本卖手机，这种舍命豪赌打压了锤子、一加、小米等国内品牌，然而转过年乐视就墙倒众人推，释放出来的市场份额自然也被小米夺回。

第七，狠抓设计。

在体验经济时代，用户不仅看重性价比，更在意的是手机的外观，小米的联合创始人中就有两位工业设计出身——刘德和黎万强，成为了在看脸时代抓住用户眼球的关键。目前，小米至今已经获得了超过 200 项国际顶级工业设计大奖，谁也不敢再说小米的外形土了。

第八，品牌势能。

　　和其他竞争对手相比，小米的品牌势能非常突出，说白了就是不只有手机，还有各种生态链上的产品，它们带动的经济价值是次要的，声量和热度才是主要的。如果你只做手机，从新品发布到预热再到销售，怎么炒话题都有限，消费者也难免审美疲劳，但是小米就不同了，今天发布平衡车，明天推出电饭煲，话题优势很大，不管你喜不喜欢，你总能看到小米出现在媒体的醒目位置。

　　2017 年，小米不仅重回智能手机全球前五的排名，更鲤鱼跳龙门进入了千亿俱乐部。雷军深有感慨地说："实现年营收千亿，苹果用了 20 年，Facebook 用了 12 年，Google 用了 9 年，阿里用了 17 年，腾讯用了 17 年，华为用了 21 年……而小米只用了七年。"

　　这一个七年，小米历经劫难，终于浴火重生。那么下一个七年，小米还会上演何种精彩的剧情呢？

"智能+"，用户需求的杀手锏

有一个土豪海选妻子，三个女孩入选，土豪给了她们每人一千元钱去把房间装满。第一个女孩买了很多棉花，却只装满了房间的一半；第二个女孩买了很多气球，装满了房间的四分之三；第三个女孩买了蜡烛，让烛光充满了整个房间。最后，土豪选了胸部最大的那个。

这是一个有点儿恶俗的笑话，却反映出一个问题：我们是否发现了别人的潜在需求？

什么是潜在需求，这不是一句话能解答的问题，但可以肯定的是，潜在需求更多地和感性元素有关。比如笑话里的土豪，女性的丰满就是他的感性需求，而并非女孩是否有聪明的头脑、是否贤惠持家，等等。

其实，做产品就是要挖掘用户的隐性欲望，找不准，枪就打歪了。当然，挖掘潜在需求并不容易，因为用户不会直接说出来，这就要靠调查和分析。

在 2018 年的全国两会上，雷军提到了一个在用户调研中发现的问题：有一些空巢老人很喜欢和家里的智能音箱聊天，一聊就是两三个小时，还有一些儿童非常依赖智能音箱，听歌听故事，而且多是在周末。

这些调查背后隐藏的是复杂的社会问题。

老人为什么喜欢和音箱聊天？因为他们身边没有子女，有的也许还没有了老伴儿，所以机器人成为了他们的贴身伴侣。儿童为什么依赖音箱？是因为父母没时间管他们，周末也不能陪伴他们，两天的休息显得格外漫长，当然要有"声音"陪伴他们。

阿里的产品经理在挖掘客户潜在需求上很有一套，当他们发现有买家想通过卖家所在地购物时，就增加了这个功能。但这还没有完，因为背后的用户目标还值得分析：买家为什么在意所在地，因为想节省运费，所以产品经理又增加了帮助用户筛选包邮商品的选项。

小米探索实验室的总经理唐沐，曾经在广州家具博览会上看到很多智能硬件产品，其中一个就是智能晾衣架，表面上看是"智能 +"技术的泛化，挖掘了用户的潜在需求，实际上挖的是伪需求。

为什么是伪需求？在晾衣架上装上电机，在手机里装上 APP，设置开关、上升和下降三个功能，这充其量是在结构和功能上实现了智能化，是很典型的线性思维——片面，直观，却脱离了用户的使用场景。

想想看，当一个家庭主妇从洗衣机里捞出了准备晾干的衣服时，突然想到要将晾衣杆下降，这就要把手里的衣服先放下来，然后拿着手机操作，等着晾衣架缓缓下落，比纯手动的操作更麻烦，体验很差。

　　"智能+"是为了更多更好地满足用户的真实需求，而不是想当然的需求，例如一些所谓的智能马桶，可以在冲水的时候播放音乐，听起来美妙无比，可谁在排泄之后会愿意在臭气熏天的卫生间里听柴可夫斯基的交响乐？

　　事实上，很多厂家设定的智能只是意淫而已，没有实际用途。只有先设身处地融入用户的使用场景，才能让产品开发出更多的使用价值。正如小米的智能音箱，它已经不再是播放音乐和有声小说，而是变身为精神伴侣，这就是在特定的场景中赋予的新作用。

　　一个产品是否有发展前景，主要看它的需求量是否够大，用户群体是否广泛，这也是判断一个初创企业是否有投资价值的重要标准。

　　雷军曾经在中国企业领袖年会上传经送宝："创业就是要做最肥的市场。"雷军早年投资游戏门户时，就发现这个市场不会做太大，所以让李学凌去做直播，结果一发不可收拾。因为什么？喜欢看直播的人远超过玩游戏的人，而通过打赏、广告植入创造经济收益也更容易。

　　现在问题来了，怎样才能准确判断用户的需求呢？首先要估计好用户的基数，比如空巢老人有多少、留守儿童有多少，就给你要做的蛋糕画出了轮廓。其次就是分析他们所处的应用场景，是居家还是办公，是白天还是夜晚，只有保证足够的代入感，才能深挖出更多的隐性欲望。最后，就是根据他们的消费能力和消费预算去考虑产品本身——用什么材料和什么技术。

016 ▮◀ ❚❚ ▶▮ 017

打个比方，需求在天平的一端，"智能+"在另一端，当厂商足够接近需求的那一端时，因为了保证平衡就要足够接近"智能+"，因为很多潜在需求要依靠技术来实现，仅仅挖出来却不能满足，只会让用户认为你无能。

在"智能+"的问题上，联想 CEO 杨元庆与雷军不谋而合，他在两会期间接受记者采访时说，发展行业智能是推进人工智能与实体经济融合的重要途径。在他看来，"智能+"带来的变化不是让人类的制造能力提高多少倍，而是对每个行业都能赋予新的力量，因为消费者的需求与各个行业的发展态势有关。

雷军拼尽全力去搞智能化，是因为他心里有底：中国有专家优势，在过去的几年中，全球 43% 的人工智能方面的论文都是中国人撰写的，而且中国人的数学基础教育很强，能够为智能研发蓄力未来。

七年来的摸爬滚打，让小米的战略方向逐渐清晰，随着小米系智能硬件在千家万户的渗透，会"窥见"到更多的用户潜在需求。比如小米的电饭煲，有米种精确匹配和软硬度等多个创新功能，这就是充分还原了用户应用场景的结果。在一个家庭里，有老人有孩子也有成年人，老人牙口不好自然希望米饭松软一点儿，如果老人不在家，吃饭的成年人就可以让米饭硬一点儿，这样更有嚼头。

知道用户在想什么，你就设计和生产什么，用户不选你还会选谁？不要以为雷军的用户至上只是为了粉丝效应，更是为了获取第一手资料。

在两会上，雷军说，老百姓之所以喜欢小米，就是因为小米便宜好用，性价比高，未来小米会制造感动人心的产品，不以利润为中心，而是做好产品。其实，"便宜"并非小米一家独有，这不是竞争优势，然而"好用"和"感动人心"才是铺垫未来市场竞争力的关键。

　　既然以"智能+"为故事线，小米必定要加大技术研发的力度，很可能会加重新"铁人三项"中"硬件"部分的深耕，不仅要搞好和供应链的关系，更要加重自主研发的比例，而且随着和用户的深度互动，智能硬件的应用场景也会拓宽，不仅要占领家庭，更要融入农资技术，让用户真正体验到科技的乐趣。

从 10 亿赌约看小米空调破局

北宋政治家王安石在变法时，提出要做到三不足："天变不足畏，祖宗不足法，人言不足恤。"这句话放在今天同样适用。从传统时代进入互联网时代，消费者要适应，企业更要适应，要将陈旧的管理和经营思想升级创新，也不要在意行业和市场的非议。

雷军就是一个无畏的先行者，他让小米冲破传统观念的束缚，构建了行业新生态。

2017 年 8 月，北京智米电子科技有限公司推出了智米全直流变频空调，售价为 4399 元。虽然业界普遍看衰，但这款空调的问世似乎向外界传递了一个信号：这个不低的定价并非针对普通竞争对手，很可能是格力。

这个并不怎么出名的智米，怎么敢对标比自己等级更高的对手呢？

　　这似乎不是智米和格力的博弈，而是小米和格力的对抗。智米的法定代表人是刘德，他是小米科技联合创始人兼副总裁，而智米是小米公司的生态链公司之一。不过，小米并不认为智米空调是小米的产品，因为智米是一家独立的公司。套用小米的官方说法是：小米旗下的生态链公司都是独立自主的，小米只能算作股东，他们和小米除了有合作关系外也会自主开发产品，而这是不受小米干预的。

　　虽然智米和小米的绑定深度有限，但是作为生态链公司之一，智米终究要依托小米科技这个巨大的平台，其一举一动都可能跟雷军的战略布局有关，这个问题不必较真儿。那么，值得较真儿的问题是什么？智米选择了珠海三友环境技术有限公司作为合作伙伴，该公司的法人是肖友元，曾经是格力电器海外销售总经理。

　　小米好端端的又与格力扯上了关系？很多人不由得想起了 2013 年雷军和董明珠的那场"10 亿赌局"。

　　在 2013 年中国经济年度人物奖颁发间隙，雷军声称互联网时代重新做消费者营销的时候到了，随后信心满满地对董明珠说，如果五年之内小米的营业额击败格力，董明珠输他 1 块钱就行了。见惯了大风大浪的董明珠霸气回应：要赌就赌 10 个亿。于是，"10 亿赌局"就此立下。

　　2013 年，小米的营业额为 316 亿元，格力的营业额为 1200.43 亿元。

　　这是一场实力悬殊的对抗。

　　现在，五年的时间过去了，在此期间，格力和小米都在自己的发展轨道上各扬风帆：格力在 2015 年跻身世界五百强，小米却起起落落，从国产销量第一到被华为、OPPO、vivo 等国产品牌暴打，尤其是在 2016 年销量暴跌 36%。在雷军亲自管理供应链的努力下才转危为安。

从数据上看，格力是典型的"学霸"，成绩一直稳定，口碑不减。小米呢，则徘徊在"学渣"和"学酥"之间，忽而看着不用功却成绩良好，忽而看着很厉害却考砸了。不过，随着小米在 2017 年咸鱼翻身，"学酥"的帽子基本上被摘掉了，已经变身为合格的"学霸"。从增速上看，小米和格力的成绩单越来越接近。

不过，这五年的最大变化是双方的战略走向。

小米现在不满足于每年推出几款手机，而是"无孔不入"，横冲直闯进入各个行业里充当"搅局者"，当然这是依靠一帮把兄弟完成的——小米的生态链企业，也由此火爆了一个词：小米生态。这个生态以小米手机为核心向周边辐射，形成了小米入股但不控股的生态链企业，外围还有和小米合作的盟兄弟。

小米没闲着，格力也在折腾。一个做空调的企业愣是研制出了自己的智能手机，同时还搞出了电饭煲，虽然这两样"黑科技"不温不火，但也着实把格力一次次地拉到了话题榜上，不管消费者和路人如何吐槽，董明珠都对其赞不绝口。现在，格力已经完成从世界最大的专业化空调企业到设计生产智能装备、数控机床、机器人、模具的大型工业集团公司的跨越。

回顾那场 10 亿赌局，原本是传统制造业和新兴互联网行业的一次对决，然而随着时间的推移，小米和格力都没有局限在原始生态属性中。格力在转型，小米也在变身，它们都在不断适应新的消费市场和用户购买需求变化，简单概括就是，格力从线下拓展到了线上，小米从线上走向了线下。

事已至此，谁输谁赢已经不重要了。董明珠因为 10 亿赌局让格力大卖，雷军也因为 10 亿赌局让小米的知名度提高。现在的小米，几乎身处成立以来的巅峰时刻：手机、电视以及生态链的其他产品线都表现不俗，而雷军在这个阶段加大对空调业的布局，或许和赌局有着一定联系。如果说董明珠的格力手机是对小米手机的宣战，那么小米想要在生态链中加入空调这个新成员，未尝不是一种反击。

当然，小米在进入空调业必定会遭遇严峻的挑战。

第一，遭遇垄断格局。

国内的空调行业是一个大企业、大制造的细分家电领域，品牌集中度很高，说白了就是大哥和大哥之间的游戏，其余的小弟只能吃残汤剩菜。行业的前两名格力和美的占据了 66% 的市场，在剩下的 34% 的地盘里，小米要想分一杯羹谈何容易。这和小米之前进入的电视市场大不一样，那里没有大哥，只有各个山头的寨主，几个头牌加在一起的份额也只瓜分了 15% 的市场，所以小米才有可乘之机。

第二，遭遇专业壁垒。

空调不光比手机个头大，技术含量也复杂得多，想在这个领域称王称霸，没有点真功夫是不行的。格力和美的都在压缩机领域有着过人的建树，掌握这种核心部件的技术可不是起个大早就能练成的功夫。作为小学生的小米，想跟对方过两招目前还不够资格。

第三，遭遇产业链"结界"。

格力、美的以及海尔这些头部品牌，都有优秀的产业链把控能力和智能制造工厂，能够保证产能和品控的稳定性和持续性，在渠道资源和售后服务方面也相当成熟。反观智米，现在只能依靠代工生产，售后服务也需要委托第三方，处处都需要外援，要是真刀真枪跟这些大佬们打，没等出招就会被对方的"结界"隔离在外。

第四，遭遇经验空白。

尽管小米找到了珠海三友作为合作方，然而这个盟友的重心在海外市场，积累的也是国际市场的经验，不能直接传给小米，小米只能摸索着前进，栽跟头也在所难免。

虽然困难重重，但小米也是一个跨界高手，既然能搞出空气净化器和净水器，也不妨试试空调业的水究竟有多深，没准儿运气好了再得一分。

回头再看那场10亿赌局，其实缺乏契约精神，无非是对双方都有利的一个炒作热点。小米玩空调和格力做手机，都是在赌局背后引发的生态变革，双方都会遇到难题，但谁也不会服软。空调是最重要的白色家电，规模大、需求稳定，如同手机在数码产品中的地位一样。

所以，小米和格力才进行一次跨界对冲。10亿赌局的结果不重要，进入空调行业也不是雷军和董小姐在赌气，而是为了完善"小米生态链"的战略布局。

小米和美的之前搞出的青春智能空调玩砸了，可雷军没有放弃，因为小米不怕试错，怕的是吊死在一棵树上。只要手机这个主业不倒，雷军就有底气去争取更多的赛道，实现"品牌产品＋零售"的垂直一体化模式的超级构想。

对雷军来说，五年前的赌局也是他激励自我以及整个团队的需要，他需要让大家看到小米的成长前景，也需要让互联网公司之外的创业者接受互联网思维。事实上，线上和线下只是一虚一实的区别，并不存在优劣之分，正如格斗中虚招和实拳要相结合一样，传统产业要融入新兴思维，而新兴产业也要结合传统模式。

小米和格力虽然拉开了一场赌局，本质上却是殊途同归，从相对的方向朝着一个结合点开进，雷军的责任就是掌好舵、把好关、收好尾，小米的目标也并非是超越格力，而是构建一个前所未有的新生态。雷军赌的不是小米能否超越格力，而是小米生态能否赢在未来。

颠覆就是寻找新入口

在雷军身上发生过一个小故事。

有一次，雷军去一个新办公地点，由于没带工牌，保安又不认识他，横竖不让他进，不过雷军倒是没有发火，保持着应有的绅士风度说"我姓雷"。结果保安还是不买账，大着嗓门说："我管你姓什么，没有工牌就是不能进。"雷军这下没辙了，只好打电话给公司的行政主管，主管下来以后才把雷总接了进去。

如果手机能集成工牌的功能，让使用者出入自由，雷军也不会如此尴尬了。

其实在生活中，很多人都有过因忘带门卡、工牌之类的凭证而被拒之门外的经历，如果把这些杂七杂八的东西都整合在形影不离的手机上，那就要方便太多了。

最近，小米的门卡模拟功能上线了。通过手机上的NFC技术，用户可以凭借模拟门卡进出小区或者其他公共场所，免去了忘带门卡的后顾之忧。

雷军将小米定义为互联网手机，这可不是说只在网上出售的手机，而是能继承互联网功能的手机模式。当很多人还在讨论小米一部手机赚取2美元利润的时候，雷军看到的却是手机背后的互联网用户。

小米的成功得益于对认知思维的颠覆，所以不能用传统的商业逻辑去描述它。在小米手机刚发布时，很多人并不了解互联网手机的真正意义，现在，随着雷军战略的布局深入，"互联网思维"的概念已经从线上扩展到了线下，植根于用户的生活中。

颠覆不是造反，也不是盲目推翻，而是在重整资源之后建立一个新的入口。换句话说，雷军在用户必经的通道上等着他们，小米的一众新业务不过是互联网模式的冰山一角。从手机行业的现状来看，死盯着市场份额就是头发长、见识短，譬如苹果，除了硬件能力强悍之外，它的服务收入比重也越来越高，因为给用户提供了更多方便。

这才是雷军的战略逻辑。

无论从战略布局还是企业家视角上看，雷军都走在了最前列。保守估计，MIUI存量用户达到了2亿上下，小米手机之外的可联网的智能硬件至少在8500万……这些数据可不是用来吓唬人的，只要加上一点催化剂就能转变为真金白银，因为它们打造的是入口，用户只要从中经过，就得留下"买路财"。

这个入口连通的不仅仅是互联网，而是整个世界，在这一点上看，小米比华为、OPPO 等竞争对手连接的范围更广，也呈现出多元化趋势。手机是硬件产品，原本不存在媒介属性，想做营销并不容易，然而雷军硬是赋予了小米手机这个功能。MIUI 一直在谋求商业化，从起初的预装到现在的应用分发再到品牌服务体系的完善，正在逐步打开小米的全部自有媒介，比如天气、小米商城等 APP。

雷军为何要在入口上花这么多心思？因为入口的大小决定着小米未来成长的体量。

过去我们投放广告是要先锁定媒介，比如选择报纸还是电视或者灯箱广告，然后吸引用户"上钩"。现在雷军将 APP 打通了，就不用再考虑选用哪个媒介，用户自己就能选择。比如，在微信的广告位上投放广告，如果目标客户不用微信就不会看到这个广告，而小米已经开通了全部 APP 平台，无论用户进入哪个平台都会看到广告，这就是占据入口的优势。

不过，这笔账还没有算完。

入口的背后是媒介，而这些媒介的属性各不相同，它们能够依靠原生和场景化的方式，将不同的信息传递给不同的人，达到不同的商业目的，小米也就有了在媒介覆盖上的巨大优势。让手机变身为门卡，就是线上平台和线下使用的整合，当这个入口无限扩大之后，就会有更多的开发者加入，促进小米生态的效率呈几何式发展。

回头再看小米，现在的胃口已经越来越大，它早就不满足只做一家互联网公司，而是要成为一个做大用户基础、盘活交互频率的服务型企业。随着时代的发展，技术和社交的界限正在模糊。腾讯依靠及时通讯起家，Facebook 也依靠网络社交起家，但它们都在做信息流。同样，雷军也正在让小米的这两个属性相互融合并借助优势整合入口。

小米的第一个优势是，庞大的生态链能够囊括用户与用户、用户与商品、商品与商品等多因素的关系，就好像哆啦 A 梦的四维空间兜，装满了奇迹和惊喜。第二个优势是逐年累积的用户基础，其产生的有价值的数据和信息能够关联到一系列社交行为，让你用上小米就等于犯了毒瘾，想戒都戒不掉，除非你去深山老林出家。

我们不妨大胆地预言，未来的互联网公司也会变成大数据公司，它们缔造的入口将提供走向平台的通行证，而平台依靠大数据支撑起来。有数据做保障，手机变门卡只是小打小闹，未来还会冒出更多让用户眼花缭乱的应用。

如今，小米手机能够关联净化器、扫地机器人等家用设备，这就构成了新生代用户的"黑科技"生活，已经超出了硬件体验的范畴，而是演化为服务体验。雷军先验性地看到，在物联网走向成熟之后，小米的每个硬件产品都能变成智能化的节点，它们以用户为中心，不断切入到各种应用体系中：家庭卫生清理、家庭娱乐、办公以及其他多种需求。

在未来的社交体系中，作为入口的小米手机，会让硬件之间、数据之间发生更多有趣的联系，让你用过一次就"欲罢不能"。

在互联网经济兴起之后，一些人只顾埋头去编织一张大网，不断地往里面填塞商品，又或者从中吸走数据，却忘了在网上破一个口出来，导致其开放性和交互性越来越差。归根结底，这是和去中心化背道相驰的陈旧理念，并没有将线上和线下、传统和新兴等区域完美对接。

也许在门卡之后，雷军还会搞出公交卡、食堂餐卡等许多黑科技来，小米的生态链会继续添丁进口。都说"条条大路通罗马"，其实在这个时代，路口比路更重要。入口决定结果，路只能影响过程。

互联网也是如此，在规模化效应和垄断经济的作用下，用户可选择的入口在不断整合、统一，谁掌控了入口，谁能占据优势地位阻击竞争对手，谁就有了后续剧情的决定权。

小米汽车，如何不成为下一个乐视

　　前几年网上爆出一组电动车的照片，乍一看外表土得很，然而车名却非常响亮：雷军电动。不少网友惊呼：小米终于做汽车了！可还没等大家兴奋够就有人辟谣了，原来这款"雷军电动"是潍坊一家名叫瑞驰的公司从"雷丁"升级到"雷军"的车型，属于自主品牌，跟小米八竿子打不着，更和雷军没有一毛钱关系。虽然是一起乌龙事件，但雷军看了之后内心应该是崩溃的，不少网友也空欢喜了一场。

　　其实，"小米汽车"早就是流传在网上的段子了，因为确实有一部分网友渴望小米进军汽车业，生产出"年轻人的第一辆汽车"。

　　近几年，一部分国产汽车的品质有了明显的提高，甚至不输给一些合资车，年轻人对汽车的向往也从软需变成刚需，如果小米真的做出来便宜又好用的汽车，很多米粉自然会欢欣鼓舞。在网上，有人甚至替小米汽车定出了"39999元"的价格，更有人算了一笔账：如果可以分期付款，月供或许2000元上下，压力并不大，就连百度百科也增加了"小米汽车"这个词条。

看来，网友比雷军更急着造车。

不过，也别把这些事都当成笑话，当初"小米笔记本"也是网友幻想的产品，如今已经成为了现实。那么，雷军到底有没有造车的念头呢？

2012年，小米融资2.16亿美元，雷军在激动之余说："我最近在研究，将遥控汽车放到xiaomi.com去销售。"很多人以为雷总在开玩笑，难不成小米商城是万能购物中心？要知道手机和汽车之间的距离，至少隔着三座火焰山——哪怕是遥控汽车。不过，很多米粉也半信半疑：小米真的会造车吗？

这还真不是大家捕风捉影，早在2015年，雷军在正式场合就说过小米可能会生产汽车，不过说完没多久又改了口：今后3到5年内暂时不会做。这样的回答反而让人觉得欲盖弥彰。在国内消费市场环境日益变化的背景下，小米随时都可能调整战略计划，造车也并非不可能。

事实上，汽车还真被互联网盯上了。

有一个新名词叫作"连通性"。怎么解释呢？比如，很多国内的消费者在驾车的过程中，会利用停车、堵车等间隙浏览社交媒体或者网络购物，和单纯的网上冲浪产生关联，这就是连通性。据调查，国内消费者中的64%都十分看重连通性，而美国的比例只占到了37%。

毫无疑问，"车载网络生活"也是生态链中的一个隐蔽环节，这种连通性的存在，让"小米汽车"顺理成章地变为生态链的一部分。

2017 年，英国的《金融时报》透露了一条信息：小米已于 12 日向印度监管机构提交一份申报文件。这份文件暗示小米可能会在印度销售"各种交通、传送和其他运输设备，包括部件、备件，无论这些车辆是基于电动、其他任何动力还是机械动力"。

无独有偶，印度的《经济时报》也称小米计划在印度扩展当地电动车销售和支付业务。另外，小米也的确在寻求收购印度当地的汽车生产和零部件制造公司。种种迹象表明，雷军确实在筹谋着一盘更大的棋。

按照这样大胆的玩法，小米将成为国内第一个提到要制造整车的大型科技公司。

说到底，造车和小米的商业模式并不背离，只是这个市场的准入门槛太高了。当初乐视在市值达到千亿的时候才敢宣布进军汽车行业，而正是耗资过大导致资金链断裂，让乐视陷入到今天残败不堪的局面。以进军电视机行业为例，乐视是在亏本的前提下涉足电视机业务，而小米是以微利的方式做手机和家电等其他产业链业务，这显示出雷军的谨慎作风和缜密逻辑，和贾跃亭的大开大合完全不同。因此，以雷军手握的这一把牌，即便是乱打也不可能打成贾跃亭那样。

雷军的创业经验丰富到可以编纂一部百科全书，他也更懂得一着不慎，满盘皆输的道理，作为企业应当先把手头的工作做好，然后再慢慢扩大生态链，小米也严格遵循这一规律来操作。

对比乐视和小米，我们能够得出这样的结论：乐视喜欢广泛撒网，多面开花，不断地给投资画大饼，依赖融资生存，导致基础薄弱，动辄倒坍；而小米则是将一个行业做到最精，不断深耕并基本盈利后再转向其他领域。

回到整个互联网的格局中，造车并不是一件新鲜事，BAT 都涉足了汽车行业：

马云和上汽合作并开发出互联网汽车品牌荣威，在整合阿里云数据存储、云计算服务以及智能设备操作系统的基础上，将智能操作系统 YunOS 加入到多款互联网汽车中；

马化腾本人在广州车展中华丽现身，腾讯还为智联网汽车打造腾讯车联"AI in Car"系统的电动概念车；

在 2017 年的百度世界大会上，李彦宏表示已经收到一张无人驾驶罚单，无人车量产指日可待。

除此之外，刘强东也和蔚来汽车合作，雷军的"老对手"董明珠也不只一次提到要制造新能源汽车。

业界大佬们似乎都将汽车看成了一个新入口。一个人也许有看走眼的时候，而一群人都看走眼就太不可能了。

从资金的角度看，阿里和腾讯无疑要超过小米，百度虽然近些年持续走低，但在自动驾驶技术方面也有不小的动作，如此对比之下，小米凭什么有信心独自支撑汽车业务呢？

2017 年，小米与北汽集团签署了战略合作协议，据内部人士透露，这次合作与智能驾驶有关。就在这一年，雷军也多次拜访美国特斯拉的工厂，显然他对新能源汽车的兴趣很大，这倒也符合未来的发展趋势。

但是，有一个问题是小米绕不开的——造车需要的钱从哪儿来？就算小米顺利上市，单靠千百亿上下的市值也未必能支撑汽车业务。

说到这里又想起来一句话：你可以瞧不起小米，但不能瞧不起雷军。

这个世界上就没有雷军不敢想的事，关键在于如何操作。在奥拓出现之前，没有人会想到一辆车能卖到如此低廉的价格。同理，在手机领域，小米诞生之前，也不会有人想到一两千元的价格能买到一部高性价比的手机。

雷军的过人之处在于，他能够紧跟时代，做电商，做游戏，做线上社交，在互联网大佬们纷纷涉足汽车行业之际，他肯定也心痒痒了。

在中国专利局的网站上，能看到小米在智能汽车开发的消息，基于这个证据，我们不妨大胆猜测：小米的智能汽车项目已经进入实验阶段，即便保守地看，小米也是确凿无疑地要上马这个项目。当然，小米造出什么类型的汽车并不重要，重要的是小米在汽车中加入什么基因。

可以想象，当小米真的召开新车发布会时，先是公布 39999 元的价格，进而让汽车行业震动，而汽车之家论坛也会增加小米汽车版块，万千米粉齐声高呼……当然，这一切目前还只是想象。

小米当真要涉足汽车行业，势必要冲破重重阻碍。一方面，汽车是一个高投入低回报的产业，雷军不能简单地复制小米手机的成功经验，因为硬件免费软件赚钱的模式并不适合汽车行业，如果一味地搞低价，小米还要遭遇奇瑞、比亚迪等竞争对手的阻击，价格优势会大打折扣。

另一方面，汽车的更换频率和手机不同，目前国内消费者已经进入升级阶段，大家希望的是好产品而不是便宜货。

或许，小米在未来几年会真的推出"小米汽车"，不过很快其他互联网巨头也会蜂拥而至。雷军作为一名互联网老兵，选择在小米重振旗鼓的时刻切入汽车市场，也是符合战略逻辑的，毕竟他曾经做过用硬件（智能手机）切入互联网市场的开天辟地式的冒险，那么时机成熟之际，不妨梅开二度、再创奇迹。毕竟，小米不是乐视。

借力"一带一路"进军海外

2017 年是小米的逆袭年，也是国际化进程的爆发年。用雷军的话说，全球市场版图上，还有大片空白的市场正等待开拓。果然，在 2018 年的两会上，作为全国人大代表，雷军口号响亮地引出了民营企业的"出海"的话题，一时间引发热议。

国际化已经是老生常谈的内容了，但是在"出海"的话题背后，还有一个更高层次的国家级倡议——"一带一路"，而小米正是受益者之一。

在过去的几年里，小米的产品销售到 20 多个国家和地区，这让雷军抑制不住喜悦地说："在小米手机销售的过程中，我觉得'一带一路'其实离每个企业都非常近。"这句话乍听起来，倒像是鼓动友商们放下武器，手拉手跨出国门，冲到外面攻城掠地。

也许在未来还真有可能。

21 世纪，世界经济的主要趋势是经济全球化，企业跨国经营已经成为一种潮流。在"一带一路"政策的鼓励下，中国的科技企业只要抓住机遇集群出海，不仅能鼓了自己的腰包，也能为中国的综合国力排名拿下一分。

当然，和外国友商竞争要加十二分小心，毕竟人生地不熟，要克服语言、制度、文化、政治等多种因素，想闯出名堂并不容易，但这是大势所趋。

2018 年初，小米在全球 Facebook 主页上发表了一张写着"Ciao！Italia"（你好！意大利）的图片，不过很快被删除，但是大家也都懂了：小米准备在意大利开实体店了。

进军意大利是小米继希腊、西班牙和印度之后的新动作。早在 2014 年，意大利安卓手机销量前十名中就有小米的影子，当时雷军惊喜地说："国际友人这么喜欢，我也找部红米移动 4G 版用用。"也许从这一刻开始，雷总的案头就摆上了进军计划。

这几年在国际市场上，小米一直打得顺风顺水，甚至在印度力压三星独占鳌头。现在，小米已经进驻 70 多个国家和地区，印度和东南亚属于老根据地，雷军在 2017 年就多次造访印度和越南等地，其战略地位不言而喻。

进军海外，最头疼的问题就是如何本地化。小米不会遍地开花，而是要选择人口多、互联网基础好的地方，具体的应对策略就是专利和米粉。

小米目前的全球累计专利申请总量已达 24000 多件，授权总量已达 5920 件，其中有 50% 是海外专利。要知道，专利是进入国际市场必备的通行证。2017 年，小米和诺基亚签署专利许可协议，和其他国际科技巨头也展开了知识产权方面的交叉合作，通往发达地区的道路会越来越顺畅。

有句老话叫作"朝中有人好办事"，现在小米的策略是"国外有粉好卖钱"。在印度和东南亚培养了一大批米粉之后，就算国内市场杀得血流成河也有退守一方的根据地，这就是国际化战略上的"安全锁"。

虽然国内有一些消费者鄙视小米，然而在国外，喜欢小米的人却不少。在西班牙，很多人为了购买最新型号的小米，会通过海淘的方式购买，还有一些发烧友建立了西班牙的 MIUI 论坛，其狂热程度超过了人们的想象。

在印度，小米的团队从几十人发展到 300 多人，而且大部分都是印度当地的员工，他们和小米的绑定程度很深，小米也在印度建造两个手机厂和一个移动电源厂，外人第一眼看还以为是一家印度公司。

有了铁杆的国外米粉，就有了"小米品牌大使"，对小米出海起到重要的催化作用。当然，受制于文化形态和政治因素的影响，某些国家的米粉数量少且活性较弱，小米就依靠和第三方合作的方式进行本地化。

为了打通文化隔阂，小米也在寻找了解地方文化和市场环境的快捷方式，这也正符合雷军在两会中提议设立的"一带一路"服务中心的需求。

如果未来有了政府部门的介入，帮助出海的企业搭建了解海外的官方平台，民营企业的国际化速度就会加快。

小米以专利和米粉为跳板，成功地开启了国际化进程，这既和当前的政策背景有关，也和雷军的深谋远虑挂钩。

从创立小米之初，雷军就做好了冲出国门的准备，还是在小米1、小米2的时代，小米的操作系统就嵌入中英两种语言，让用户自由下载到计算机中，让国外的科技爱好者免费体验小米的界面，这才在西班牙等地有了最早的一批外国米粉。

经济全球化给中国手机市场带来了良好的发展时机，随着苹果创新能力唱衰、三星爆炸事件的发酵，国产手机似乎得到了收复失地的机会，另外，由于全球手机市场的利润被苹果掌控在手，只有布局海外才能以攻为守，这也是适应国际竞争的必然选择。

开拓海外市场，也能够大幅增加手机的利润，获得更多的运作资本。在迪拜，小米也开设了小米之家，而且售价高于国内，比如小米的mix在迪拜售价为2999阿联酋迪拉姆（折合人民币5600元），比国内高出大概2000元，难怪有人戏称：小米报了苹果手机在国内市场高价的"一箭之仇"。

雷军的眼光很远，格局很大，他曾经高喊"做世界级企业必须开拓海外市场"的响亮口号，还要掀起一场"新国货运动"，让"中国制造"成为比洋品牌更有竞争优势的选择，改变中国产品在世界的形象。

因此，国际化路线就是"新国货运动"的推进器，涉及的范围不仅局限于小米手机，也包括其他智能硬件产品，比如小米电视、小米路由器等。随着小米系产品延伸到全球的发展趋势，国际化优势会愈发突出。

　　小米的生态会在持续深耕的基础上，逐渐勾勒出一个连通世界的帝国轮廓。虽然劲敌仍在，不过新的角逐也让雷军斗志高涨，他会以国际市场的跑马圈地配合国内市场的阵地争夺，从而扩大战略横截面，提高获客率和品牌知名度，为小米帝国的崛起再得一分。

第二章

"硅谷之火"点燃
创业梦

武汉大学的计算机狂才

湖北仙桃，是古代"云梦泽"之所在。它位于江汉平原中部，常年雨水充足，农耕、商业都很发达。相传在很久以前，有一群捧着仙桃的仙女，前去给王母贺寿。走着走着，她们忽然看见下方有一块绿洲宝地，于是忍不住下去，以兜售仙桃为名探知民风。其中有一个买桃子的人说将桃子献给父母，仙女大受感动，飞入空中播撒桃子以示祝福。一眨眼的工夫，地上便长出桃林，绵延十里，果实累累。至此，"仙桃"便诞生了。

1969 年 12 月 16 日，雷军出生在仙桃的一个教师家庭。仙桃上千年的文化沉淀，似乎也让雷军沾了不少灵气。后来，雷军总是被称为"楚国狂人"，其来源便与仙桃的历史有关。

雷军的童年时代和其他孩子别无二致，勤奋聪明的他每年都被评为

"三好学生",成为父母的骄傲。1984 年,雷军进入湖北仙桃中学就读。这所学校每年有几千名优秀人才升入高校,仙桃也因此成了著名的高考"状元县"。

仙桃也是体育健将之乡,出了李大双、李小双、杨威等体坛名将。雷军却没有什么体育细胞,他感兴趣的是围棋,而且他对围棋的痴迷和别人不同,别人只是将下棋当成兴趣,而雷军却拿出全部的课余时间去下棋,有时候找不到对手,他就去淘棋谱,根据棋谱上的对局独自演练。学校有一年举办了围棋比赛,雷军过关斩将,轻松获得了冠军。

除了围棋之外,雷军最大的爱好就是读书。当年的《小说月报》是他的最爱,他通过阅读名家之作了解了社会和人性。另外,雷军还特别喜欢诗词,尤其是对南唐后主李煜的词十分着迷。长期浸泡在文学的海洋中,让雷军浑身上下散发着文艺青年的气质。

1987 年,雷军考入了武汉大学的计算机系。他之所以选择计算机系,原因出奇的简单——他当时的一个好朋友去了中科大的计算机系,所以他认为只有学计算机,跟朋友才不至于产生代沟。

武汉大学是一所名校,其前身是 1893 年清末湖广总督张之洞创办的自强学堂,1928 年改名为国立武汉大学,是中国近代首批国立综合大学,不过直到 1978 年,武汉大学才有计算机科学系。

在大学的第一堂课上,雷军听到了一位留学多年的老教授的心得:"上大学的目的,是为了学会如何去学习。上研究生的目的,就是学会如何去工作。如果明白了这两条,就永远不会存在专业不对口的问题。很多 DOS 方面厉害的程序员为什么没有转到 Windows 平台上?除了惯性思维，还可能是在学习的突破性方向上存在没有解决的问题。"

老教授的一番话如同醍醐灌顶，让雷军打定了主意，他要学好自己的专业，设计出能安装在所有电脑上的软件。和同龄人相比，雷军多了几分成熟，这种成熟不仅体现在思维和眼界层面，更体现在执行力上。

雷军进入计算机系的第一个晚上就开始自习，因为他很担心自己会因为落后追不上别人，觉得自己不是那种善于在逆境中生存的人，所以认为避免这种情况的最好办法就是不要陷入逆境，这样就会永远立于不败之地。

成功人士都是善于掌控时间的人，而雷军的时间管理可谓技高一筹：他以半小时为单位制定不同的学习计划，并按照重要程度自由听课：如果这门课程比较重要，他就上四分之一的课，如果不重要，就上八分之一。这种做法并非偷懒，而是为了弄清每一门课程的精髓并节约时间。为此，雷军遍访仙桃老乡，向他们打听不同任课老师的嗜好和特点以及哪门课程比较重要、哪些不太重要等信息，他还会把学长们的书成篓成筐地搬回宿舍。

大一的时光只给雷军留下四个字——勤学苦练，他继续发扬"高三精神"，汲取着一切他认为有用的知识。每天早上，他7点就来到教室，中午原本是午睡的时间，可他看到其他同学还在看书时，喜欢午睡的他马上改掉了这个习惯。周末他喜欢去看电影，但却要在自习到九十点钟后才去，那时候已经是第二场了。尽管如此，雷军依然自得其乐，内心踏实。

"数字逻辑"是雷军当时最喜欢的课程之一，因为他几乎能回答老师提出的一切问题，让他很有成就感。在上"数字逻辑"课时，老师通常是先问大家能不能答上来，如果没人能答，才让雷军这个"压轴"人物回答。据说，雷军是计算机系 20 年来拿过"汇编语言程序设计"课程满分成绩的仅有的两个学生之一。

雷军不仅刻苦学习，也和同龄人有相同的爱好，他经常会和宿舍的同学看电影或者出去游玩，也喜欢一帮人凑在一起打扑克。当时他们玩儿的是打拖拉机，是流行于湖北的一个扑克牌游戏，十分锻炼玩家之间的默契度，因为拖拉机需要队友帮助你加分和杀牌，配合不力很难赢牌。雷军每次玩得都十分投入，遇到周末，甚至刚起床就围在桌前开始"战斗"，一玩儿就是到中午，大家都不愿意动，就决定谁输了谁就去买饭。

虽然是玩牌，但雷军从中悟到了团队管理的诀窍。后来他进入金山之后，发现有些部门经理带队不力，无法和手下打成一片。雷军观察发现，这些员工都是大学时期的走读生，没有集体生活的经历，只能完成独立自主的工作，很难与他人配合。雷军十分感慨地说："大学有很多事情是必须做的，比如打拖拉机。"因此，雷军很注重团队意识的培养，只有多和队友接触才能锻炼自身的领导能力。

大一下半学期，雷军的学习热情更加高涨，因为他开始接触专业课，也有了上机的机会。雷军学习刻苦又聪明，深得很多老师的喜爱，也自然成了老师们的"得意门生"，他们抢着让雷军帮着做各种课题，还把自己机房的钥匙交给他——最多时，他有 3 个机房的钥匙。

在 80 年代，计算机可是稀罕物，就连武汉大学这样的名校，计算机系机房也才有不到 15 台机器，搞得每一次上机都非常紧张，如果拿不到上机票就会被机房管理员拒之门外。雷军却不用担心这种事，他乐呵呵地在老师的实验室里光明正大地使用机器，安安心心地编写各种程序。

一天，一位叫王川的同学给了雷军一本书，名叫《硅谷之火》。这本书讲述的是在言论自由运动时期，乔布斯、比尔·盖茨等人在硅谷发起的一场技术革命，推动了整个电脑技术的变革。

那本书印制得非常粗糙，翻译也不好，可在阅读这本书时，雷军却被那些跌宕起伏的历史岁月和扣人心弦的创业故事深深地吸引了，他也幻想自己有朝一日能像"乔帮主"那样，以大兴产业来报效国家，建立一个了不起的软件公司，并让它成为世界级企业。

后来，雷军说："1982 年，王川给我一本书。两块一本，《硅谷之火》。从此，乔布斯给了我一个与众不同的梦想。我要追求的东西就是一个世界级的梦想。"

正是《硅谷之火》这本书，以薄薄的内容和并不生动的文字，让雷军找到了人生的方向，将他的理想火种点燃并助其燃成烈焰。很多年过去了，雷军依然没有忘记这本书，甚至在他创办小米科技的时候，还在很多场合公开表示《硅谷之火》是他的精神源泉。

在一次演讲时，他说："你们觉得今天乔布斯很了不起，其实他的风头在 80 年代初不亚于今天。90 年代初，比尔·盖茨火的时候，也只能说'我是乔布斯第二'。"

在"雷氏学习法"的促动下，雷军在大一就取得了全年级第一的出色成绩。然而雷军却并没有因此沾沾自喜，反而陷入了深思：大学并不像高中那样单纯地比较考试成绩，而是看重能力，特别是他所学的计算机专业，原本就不是一门理论性很强的学科，如果没有实践，得多少高分都是纸上谈兵。

雷军是一个有着超强自控和自驱能力的人，他不会只把乔布斯当偶像供起来，他要以实践去追随偶像的成功轨迹。

"黄玫瑰小组"的昙花一现

愚者安于现状，智者勤于思考，勇者敢于探索，仁者乐于奉献……而创业者则不甘寂寞，他们崇尚学以致用，会将知识、经验、理念转化为生产力和财富，这也是他们有机会走向成功的关键。

1986 年，从北京袭来的互联网浪潮来到了武汉。当时流行一句话："学海淀经验，建武汉硅谷。"在武汉大学周围，冒出上千家 IT 公司和电脑配件商，其中最出名的当属电子一条街。它位于武汉洪山区珞瑜路，从武汉大学东门走出十分钟的路程就能到。

经过几年的发展，电子一条街变得十分繁荣，这里有维修电脑的，有打字复印的，也有出售软件和硬件的。

当时正在上大三的雷军已经不满足于从课堂上学习知识，想要在更广阔的世界探索，其中对他最有吸引力的就是电脑了。因为学校机器紧张，而购买一台电脑也不可能，他就去电子一条街上帮人家调试、演示电脑，不少老板知道他是武汉大学计算机系的学生，他的机会也多了起来。后来，雷军还帮助几家小公司编程，为他日后的软件开发打下了基础。

如今很多大学生在求职时因缺乏工作经验而落聘，而他们反驳用人单位的言论是："你不给我工作我怎么有经验？"回头看看雷军，我们就能发现这不是招聘者的挑剔，而是应聘者的准备不足。

短短的两年间，雷军在摸爬滚打中涉猎了很多知识，职业经历也越来越丰富：他写过加密软件、编过杀毒软件、开发过财务软件以及 CAD 软件等，他还设计和焊接过电路板，甚至还当过一段时间的"黑客"……雷军经常背着个大包，走街串巷，电子一条街的老板有事情都喜欢找他帮忙，也时不时地请他下馆子。

在电子一条街混的那些日子，最让雷军头疼的就是他那个又大又重的包。因为当时最好的电脑是 286，仅有 1M 的内存，所以雷军每次出门都要自带 20 张以上的软盘。当时还没有诞生有关编程接口的资料，纸质图书的质量很糟糕。为了确保不出问题，雷军被迫同时带着三本大书互相比对作为参考。

为了避免背着一堆东西乱跑，雷军打定主意要写一本信息准确且内容翔实的编程资料书。在 1992 年，雷军的这个愿望得以实现，他写了一本名为《深入 DOS 编程》的书，后来竟成为了业内出名的"红宝书"。

1989 年，雷军认识了一个叫王全国的人，此人年长雷军四岁，毕业于武汉测绘科技大学，当时已经留校，是电子一条街上的技术大拿。因为当时互联网并不像今天这么普及，很多软件无法流通传播，电脑爱好者们只能聚在一起互相交流手里的软件，而王全国的软件最为丰富，当时雷军是经常跟他交换软件的人之一。

雷军和王全国是个性不同的两个人，雷军比较活跃积极，编写软件的时候常常直奔主题，效率极高，而王全国却要先仔细分析研究，看看有没有捷径才能动手，于是，两个人产生了互补。当时，王全国正在设计一款加密软件的界面，而雷军正好之前写过一个加密软件的内核，于是他们联手开发出了一款名叫 BITLOK0.99 的加密软件，作用是保护软件的知识产权。

王全国认为，做加密软件市场很大，而且对程序员来说是一项具有挑战性的工作。起初的方案是，王全国和雷军各自编写一个软件然后进行修改，不过雷军在 8 月 15 日开学，时间紧迫，于是两个人分工：王全国做加密软件的界面，雷军完善软件内核。

虽然二人风格迥异，但配合得十分默契。在他们的日夜钻研之下，只花费了两个星期的时间就将这款加密软件完成，将其命名为"Bitlok0.99"。

软件的名字有了，还差作者的署名。当时正在热播一部罗马尼亚电影，叫做《神秘的黄玫瑰》，片中讲述了叫黄玫瑰的强盗与腐败政客的殊死斗争。雷军和王全国都喜欢这个角色，于是就以"黄玫瑰小组"作为他们的署名。

"Bitlok0.99"一经问世，马上在软件界流行起来，大家对它赞不绝口。然而越是流行的软件，其盗版和破解的速度也就越快。雷军他们的Bitlok0.99加密程序很快就引起了一些解密高手的兴趣，立即掀开了一场没有硝烟的战争。

经过几轮的对决，雷军也不断随着对手进攻方式的变化见招拆招，他的加密程序做过 20 多种算法，让他的产品功能不断升级。这场看似维权的软件之战，终于演变成程序员和程序员之间的技术对决。只可惜，当时的圈子很小，传媒又不发达，如果放在今天，这场精彩绝伦的 PK会毫无悬念地送雷军上头条。

Bitlok0.99 卖得越来越火，当时不少软件公司纷纷出资购买，"黄玫瑰小组"也成为了业内数一数二的开发团队。Bitlok0.99 的成功，让王全国完成了学校布置的任务，他将 50 元加班费给了雷军，这笔小小的收入成为雷军程序员生涯的第一笔报酬，也成为他编程技术的实力证明。

在计算机发展进入到 90 年代之后，计算机病毒也开始流行。第一个可传播的病毒被发在 1986 年的 1 月，当时被叫作"Brain"，然而比病毒更可怕的是黑客，他们对编写带有破坏性的小程序十分着迷，由此创造出一大批新病毒。

到了 1988 年，计算机病毒随着软件交换的频繁而进入中国内地，这对电脑初学者来说简直是噩梦，但是对雷军来说，这又预示着一次机遇的到来。

1990 年，雷军和一个名叫冯志宏的同学开始合作开发杀毒软件"免疫 90"。这个冯志宏也是电子一条街上的常客，曾经在《计算机世界》上发表文章，是实力派的电脑高手，后来被称为"中国工具软件开发之父"。当时，雷军和冯志宏的工作条件十分恶劣，他们没有电脑，只好利用寒假在外面的公司找了一台机器。

由于武汉的冬天十分寒冷，两个人的脚底都冻得生了疮，而且他们吃不上食堂的饭菜，经常是饥一顿饱一顿，然而他们依旧专注地沉浸在计算机的世界里。

当时反病毒属于新生时期，没有什么可以参考的案例，更没有同类软件可以学习，于是雷军和冯志宏就自由发挥，写出了非常全面的病毒免疫程序——免疫 90。这个软件能够发现当时所有的病毒，而且它还能进行样本库升级，可以在英文环境下显示英文，在中文环境下显示中文。

软件开发出来之后，雷军和冯志宏将其定价为 260 元一套，卖得十分火爆。因为免疫 90 既能够准确地查找病毒还能有效地杀毒，广受用户好评。后来，在武汉大学一位辅导员的推荐下，他们的成果获得了湖北省大学生科技成果一等奖。

雷军并没有就此满足，他打算再开发一个硬件防病毒卡，虽然以现在的视角来看，硬件防毒不如软件的效果好，但在当时还是很有市场的。

可惜的是，正当雷军和冯志宏打算将他们的硬件防毒卡进行推广时，华星防病毒卡抢先一步上市，身为学生的雷军和冯志宏都幼稚地认为已经失去了市场，于是就放弃了。

最悲惨的失败不是被对手打得体无完肤，而是自己认为自己输了。

事实上，雷军他们的杀毒软件在武汉就卖出了几十套，这在当时计算机还没有普及的背景下已经相当可观了。

不过在 1990 年前后，公安部介入了反病毒软件的统一管理，加上市场上开发杀毒软件和硬件防毒卡的公司逐渐增多，让雷军和冯志宏这种小团队根本无力对抗，最终彻底退出了杀毒软件的研发。

多年以后，雷军回忆起这段往事时有后悔："因为当时我们没有市场能力，所以很快就放弃了。我当时认为不是第一个做出来的就没有市场，时隔这么多年，我才知道别人做出来了，并不意味着自己不能做。我错过了这次机会。"

为此，雷军总结出一个道理：人要学会把握机遇，别人做出来了并不意味着你做不了了。

由于参与了杀毒软硬件的开发，让雷军积累了丰富的经验，因此他在《计算机世界》上发表了很多关于电脑病毒的文章，成为了小有名气的"防毒专家"，湖北公安厅还专门请他给大家上课。

有人曾经问过雷军，为什么能编写出如此出色的计算机程序，对此雷军的回答是，他之所以能够编出这么多的程序，完全在于他对诗歌的喜爱，他觉得写程序就是在写一首诗。

千里之行，始于足下。一幢摩天大楼，必定脱胎于设计师手中的草图。即将毕业的雷军，在走入社会之后，会以怎样的方式实现他的东方乔布斯之梦？

三色公司的短暂编年史

在《硅谷之火》的影响下，雷军的创业烈火持续燃烧起来，他不再甘心当一名小小的程序员，他打算用自己的技术介入市场，改变世界。雷军认为，80 年代是乔布斯的年代，乔布斯成为了全世界的 IT 英雄，而他自己也被乔布斯的传奇深深吸引，乔布斯能在大学创业，为何他不能呢？

1990 年，在榜样的驱动力量下，雷军和李儒雄、王全国经过头脑风暴，创立了三色公司。当时，几个年轻人只顾着热血沸腾，却没有为公司做出具体的规划，就连"股份"也是平均分配。至于为何叫"三色"这个名字，雷军的解释是，世界由红、黄、蓝三种颜色演变而来。另外还有一种解释：红色代表着党的教育，黄色代表改革开放后人们对物质的追求，而蓝色是电脑屏幕的颜色，代表着 IT 之梦。

这是典型的程序员情怀，不过此时的雷军还未脱青涩之气，是个理想主义者。

三色公司创立后，电子一条街的很多老板都前来道喜，夸赞雷军等人是书生报国，必定能做出一番事业，对雷军报以了极大的信心。然而，雷军的心里却并不轻松，因为当时没有找到投资人，公司缺乏足够的启动资金。

核心团队的三个人中，雷军是学生，李儒雄和王全国虽然工作了，却收入不高。经济如此拮据，公司连固定的办公场所都没有，雷军和王全国只好在宿舍办公，其他人则转战到饭店，长期租用了一间客房，所有的设计研发工作和例行会议都在这里进行。至于办公设备，则是今天很多人都未曾听说过的 286、386 电脑。

三色公司的第一桶金大概是四五千元，也成为他们的启动资金。经过讨论，大家将业务方向定为仿制汉卡，汉卡是一种把汉字输入法和驱动程序固定在只读存储器中的扩展卡。联想在 1985 年开发出了第一款汉卡，成为早期的主要收入。雷军等人所说的仿制是对市场上的汉卡对比研究再制作出新的汉卡，这并非简单的抄袭，需要他们研发程序编码，而这项工作落在了雷军和王全国身上。

创业的艰辛只有创业者最清楚，那段时间，雷军经常在自习时被创业团队叫出来开会，有时候太晚了就在客房里将就一夜，实在没地方睡的人就干活熬过漫漫长夜。很快，雷军的汉卡设计完成并通过了测试，于是让李儒雄带出去销售。

研发是苦差事，然而销售更是不易，雷军这个小团队几乎都没有销售经验，只能凭一腔热血和耐性碰机会。终于，有客户看中了他们的汉卡，因为售价只有 500 元，相当于联想汉卡的一半，性能上丝毫不差。

于是，三色汉卡开始被市场接受，公司人数最多时达到了 14 人，而且每个人都技术过硬，然而过于集中的人才类型放大了三色公司的短板——技术型创业者只专注技术，在营销、推广、管理等方面都十分薄弱。

年轻人有工作劲头，却也火气旺盛，工作中难免出现分歧，往往以争吵开始以争吵结束，他们不服从权威，几乎每一件事都要反复讨论，光是一个总经理就改选了两次。而且，随着销量的提升，三色公司遇到了产能严重不足的问题。

由于汉卡是插在扩展槽上的芯片，没有专业无法批量生产，雷军等人拼尽全力，一天也只能产出 5 个板子，远远不能满足客户需求，而且还缺少电子器件原材料。更糟糕的是，三色汉卡被仿制者盯上了。尽管雷军用自己开发的 Bitlok0.99 进行了加密，然而还是被竞争对手破解并大量仿制——一次能做出 500 块汉卡，售价仅为 200 元，这无异于给了三色公司致命一击。

汉卡滞销，公司又缺乏新产品，很快他们的钱就用完了。雷军是学生，王全国和李儒雄此时已经辞职创业，大家都失去了生活来源，公司为了生存甚至接过打字印刷的活儿，可仍然入不敷出。

都说饥不择食，人在走投无路的时候，常常会干出让自己都惊讶的事。

一天，几个人无精打采地坐在一起，突然一个同学说可以去找食堂的大师傅打麻将，赢些饭菜票。起初大家都以为是句玩笑话，可这位同学果然有"赌神"风范，没用多长时间就拿回一堆饭菜票。以后没钱度日时，雷军他们就如法炮制。在这种窘困的局面中，三色公司勉强维持了半年，最后不得不解散。

雷军自然是不愿意放弃三色，因为这是他人生梦想的起飞站，然而残酷的现实还是给他上了一课：第一，他们没有认清自己的实力，单靠技术而缺乏经营和管理能力是不行的；第二，他们没有看清业务的发展方向，只是盲目地选择了仿制汉卡这一项业务，而且并非他们专长；第三，公司缺乏融资渠道，失去了可持续发展的动力。

公司解散时，雷军和王全国分到了一台286电脑和一台打印机，而李儒雄则和另一个创业者分到了386和一台更旧的电脑——这些设备就是三色公司的全部家当。第二天，雷军在武汉大学里散步时，感叹地说："我觉得生活是如此美好，真轻松啊！梦魇般的日子过去了，迎来的是新的生活。"

今天的某些创业者在遭遇失败之后，难免会将病因放在"怀才不遇"或者"超前于时代"上，随之而来的是甘于平庸的"江湖一声笑"。雷军却不同，他的笑既是豁达乐观的笑，也是继往开来、厚积薄发的自信。

被求伯君"逼上金山"

　　失败不可怕，可怕的是因失败而否定自我。在一个多元化、多变量的时代，失败也是一种试错，它能够纠正失败者对某些问题的认知偏差，提高目标管理能力。对雷军来说，三色公司的失败，并没有让他就此消沉，他在总结经验和沉淀自我。

　　1991 年 7 月，雷军从武汉大学毕业，被分配到北京近郊的一个研究所，这年他 22 岁。

　　研究所的工作既无聊又枯燥，氛围也很压抑，几乎和外界高效发展的时代节奏隔绝。雷军对本职工作没什么兴趣，就利用下班时间将精力投入到计算机研究中。当时研究所的待遇很高，雷军第一次拿到工资时发现比在政府工作的父亲还要多，然而他并没有满足，反而充满了疑惑：他难道就要在研究所度过一生吗？

业余时间，雷军经常去中关村一带和圈子里的大咖们接触，在互联网尚未成形的时代，这种线下的实地接触不仅开阔了雷军的眼界，还让他逐渐积累了原始的人脉。

很快，他认识了周志农。

周志农在 1987 年开发出自然码，成为当时最先进的汉字输入法，它所倡导的双拼输入后来为微软采用。1989 年，周志农进入北京超想电脑技术开发公司担任副总裁，他通过别人介绍认识了雷军，让他帮忙写程序——将汉字的小字库转移到随极储存器中。

让周志农感到意外的是，雷军只用几天就完成了任务，后来二人又合作过几次，周志农爱才心切，就邀请雷军加入超想，不过雷军却没有同意，他认为自然码虽然很成功，然而和自己心中的 IT 梦相比还是太小了——他想做中国最好的软件公司。

此后，雷军又认识了用友软件的创始人苏启强，当时他是公司的副董事长，由于商业需要，用友的软件必须进行加密，于是雷军就将自己的 Bitlok0.99 升级到了 1.0 版本。虽然雷军展示了自己的才能，可他并不想局限于财务软件的开发设计。

一个人想弄清自己要做什么并不容易，但起码要知道不该做什么。雷军在中关村先后认识了很多业内高人，也面临着多种选择的机会，却都被他一一否定了。就在这时，他人生中最重要的一个"贵人"登场了，他就是求伯君。

如果说，乔布斯给了雷军一个充满遗憾的创业梦，那么带领他走上商界道路的人是求伯君。

求伯君于 1964 年出生在浙江新昌，3 岁就会背九九乘法口诀，5 岁时，围棋水平达到业余五段。上学之后参加数学竞赛都是第一名。1986 年，求伯君只身来到深圳，凭借一个通用打印驱动程序进入了四通公司，随后结识了香港金山的老板张旋龙，得到了对方的赏识，在求伯君离开四通之后，张旋龙一心支持他开发兼容 PC 端的文字处理软件，求伯君在四个月的时间内写出了十万行程序代码，诞生了 WPS1.0，很快占据了90% 的市场份额。

这件事标志着中国的软件进入新时代，1989 年也被称为中国软件元年。求伯君的成功激励了不少程序员，时至今日，他依然被称为"中国第一程序员"。

雷军虽然把求伯君当成榜样，却干了"对不起"榜样的事。原来，雷军也曾想在电脑上安装 WPS1.0，可是 2200 元的售价在当时无异于天文数字。为此，雷军运用自己的黑客技术将 WPS 解密后安装在电脑上并进行了完善。很快，雷军的破解版 WPS1.0 流传开来，求伯君得知后非但没有生气，反而很佩服这个"黑客"，却一直没有机会见面。

1991 年 11 月 4 日，北京举办了一个全国性的计算机展览会，对 IT 产业关注的雷军自然到场了，让他没想到的是，求伯君也在现场。看着器宇轩昂的前辈级人物，雷军暗自发誓也要成为他那样的人。很快，雷军把名片递给了求伯君，求伯君也回了他一张名片，上面"香港金山副总裁"几个字熠熠发光。不过，求伯君没有特别注意雷军，也并不知道正是他解密了 WPS1.0。

和求伯君在展会上匆匆见面后，雷军在朋友的介绍下，在北京大学南门的长征饭店再次见到了他。没想到一见面，求伯君就问雷军有没有兴趣来金山工作，这让雷军颇为震惊。原来，求伯君此时正在招兵买马，当他了解了雷军的过硬技术之后，自然是求贤若渴，意欲收到自己麾下。

对雷军来说，自己站在了人生的岔路口上，如果在金山打拼出自己的天下，他可能会成为求伯君第二，为他日后的创业积累经验，而且金山比研究所更重视他这样的人才。于是，雷军连工资待遇都没有问就答应了下来，甚至也没考虑当时复杂的人事档案关系，毅然决然地辞掉了待遇丰厚的科研所工作，离开北京，南下珠海。

1992 年 1 月，雷军进入金山公司，成为第六名员工。当时金山的主要业务是 WPS，雷军一进入公司就全面接触这个软件的全部代码和设计逻辑，很快烂熟于心并着手对软件升级。随着工作难度的升级，雷军意识到身边不能没有队友，他需要组成一个团队。

一个意外的机会，雷军邂逅了来珠海出差的王全国，二人彻夜长谈，谈过往议当下，聊着聊着，雷军提出让王全国加入金山，理由是：金山重视人才，而且有程序员成功的先例，发展这么多年资金雄厚，能够给他们这些有志者创造业绩的机会。

尽管雷军说了很多，但王全国却没有答应，当时他已经是大学老师，工资待遇都很不错，而三色公司的阴影让他不敢再拿人生冒险。王全国离开珠海后，雷军被任命为金山北京开发部负责人，他打定主意要将王全国和李儒雄拉过来。

为了增加说服的筹码，雷军让求伯君和他一起去了武汉。到达的当天就将王全国和李儒雄约出来吃饭，老练的求伯君凭借口才劝说二人加入，他们在饭桌上聊了很久，最后直接回到酒店房间继续长谈。

雷军为了将老朋友拉到金山费尽了口舌："求伯君的今天就是我们的明天。"终于，李儒雄被说动了，却对待遇有些顾虑，雷军告诉他，金山的工资高出武汉好几倍，一个月1200元还能分到股份，而当时李儒雄的工资只有300多元，最后连王全国也被说动了。当天晚上，四个人在长江酒店的一间客房里凑合了一夜。

王全国和李儒雄辞掉工作加入金山，雷军为求伯君输送了新鲜的血液。回忆起当年的这段经历，雷军认为这是人生道路的重要转折点，从这一刻开始，他踏上了中国自主软件开发事业的寻梦旅程。

第三章

问鼎金山的
"第六人"

苦写盘古，未能开天

努力未必成功，但不努力一定不会成功。很多成功者并非有过人的能力，而是敢于不断尝试，由此提高了成功的几率。在通向成功的道路上，最大的障碍往往来自对失败的恐惧、对付出的算计和对世俗的盲从。

在雷军的一手操持下，金山北京开发部在 1992 年正式组建完毕，先后招收了十几个程序员做 WPS 的售后服务。对金山来说，要想在市场站稳脚跟，除了维系现有业务之外还要尝试新产品的研发。虽然从当时的用户反馈来看，WPS 深入人心，然而了解 IT 的人都知道，软件的生死往往在一瞬间。

1985 年，微软推出了第一版 Windows 操作系统，1989 年又推出了基于 Windows 运行的 Word1.0，1992 年微软杀入中国，Windows 视窗系统代替了 DOS 系统。对于"列强"的入侵，雷军感受到了沉重的压力，他和求伯君对未来进行了大胆的预测：将 WPS1.0 改造成 Windows 系统下的 WPS，以获得新的生存空间。

加盟金山之后，雷军一直想证明自己的能力，他想像求伯君那样开发出一款全国人都能使用的软件。当时，微软将 Word、Excel 等软件打包销售，形成了集成的办公软件系统 Office。这个创意也给雷军带来了灵感，他想创造一个超越 Office 的同类产品。

此时的雷军已经吸取了防病毒卡的教训：微软先做了不要紧，只要我做得更好一样有市场。不过，这项开发工作难度巨大且具有"开天辟地"的意义，所以雷军将这个软件取名为"盘古"。

雷军原以为几个月就能完成开发，然而在实践摸索后将时间扩展到了两年。不仅如此，雷军还将金山几乎全部的优秀程序员都拉进了这个团队中。然而谋事在人，成事在天，就在雷军和团队马不停蹄地开发盘古时，微软的 Word4.0 在中国市场正式发售，与此同时，张旋龙的香港金山和方正合并，出资给求伯君。有了资金支持，金山需要的就是一款打动消费者的产品，于是盘古成为了金山崛起的关键。

1995 年，雷军和团队终于完成了盘古组件并正式发布，吹响了金山进入 Office 市场的号角，这是整个团队耗尽三年心血，牺牲了大量的休息时间完成的。

盘古组件以 Windows 为运行环境，包括金山皓月（兼容 Windows 的外挂系统）、WPS、金山英汉双向词典、双城电子表格以及名片管理等多个子软件，以金山皓月为应用核心。和当时其他的中文处理系统相比，盘古组件不仅界面美观大方，而且兼容性更强。对雷军来说，他潜藏在心中的梦想似乎要实现了，盘古组件将成为当时中国自主开发软件的先进代表。

当你把全部身家押在一件事上，成败就是对过程的唯一解读证据：成，是战略眼光的胜利；败，是赌徒心态的贻害。这一次，雷军的理想败给了现实。在盘古组件推向市场之后却少有人问津，这让金山上下始料不及。

在正式发售前，求伯君根据 WPS 的市场占有率推测盘古组件至少能销售 5000 套，然而经过半年的时间，金山动用了几乎全部人力做推广，广告打得铺天盖地，最终只卖出了 2000 套，远远低于预期。为了开发盘古组件，金山一共投入了 200 多万元，这在当时称得上天文数字。

雷军没有想到自己熬尽心血开发的软件被消费者冷漠相视，一千多个昼夜的努力似乎白费了。雷军当然不甘心，他和团队对市场进行了深入的调研，最后得出了结论：盘古组件本身没有问题，错就错在投放的时间不对。

原来，在微软于 1992 年进入中国之后，市场上很快出现了盗版的 Windows3.X 系统的中文简体版，一张十块钱，和 Windows 配套的 Word 自然也在其中，而用外挂的金山皓月显得多此一举。更重要的是，微软通过和 WPS 的格式兼容，逐渐了解了中国用户的使用习惯，由此对 Word 进行了有针对性的调整，让广大用户很快习惯并依赖上了 Word，没必要再去适应一个新软件。

盘古组件的遇冷和当年三色汉卡的颓败颇有相似之处：雷军依然是自负的雷军，他深信金山的技术尖子们能通过一款软件扭转乾坤，却没有抽出精力去做一个中文平台对抗微软。更糟糕的是，他们因埋头苦干而忘记了关注市场的变化。然而，市场不相信眼泪。

1996 年，金山内部宣布了盘古设计的失败，金山不仅承受着经济上的损失，还遭遇了人力资源的危机：奋斗三年的优秀软件工程师先后跳槽，公司成员从鼎盛时期的七十多人骤减到十几人。

雷军遭受了前所未有的打击，特别是眼看着和自己一起奋斗的技术人才与他道别时，孤零零一个人坐在办公室里，既感到悲伤遗憾又自责愧疚。

屋漏偏逢连夜雨，就在金山萎靡不振时，又遭到了来自微软的致命打击。

微软在 1983 年发布了 Word1.0，这是基于 MS-DOS 运行的文字处理软件，两年之后，微软又为苹果开发了基于麦金塔电脑运行的 Mac Word。

1989 年，微软决定开发在 Windows 上运行的 Word，很快让它成为了世界第一的文字处理软件。相比于 Word，求伯君的 WPS 在没有宣传和营销的前提下成为中国使用者最多的文字处理软件，当年 2200 元的售价每年依然卖出 3 万套。

在上个世纪 80 年代末到 90 年代初，人们学习计算机必须学习 DOS 命令、WPS 和五笔字型，甚至将 WPS 当成电脑办公自动化的标配之一。

然而，随着 Word 在中国市场的普及和盗版光盘的盛行，金山未能通过盘古组件崛起。

1996 年，微软主动找到金山，表示为了用户使用方便，希望让金山将 WPS 和 Word 实现共享，也就是双方都能打开对方的软件，方便用户。对于微软的要求，金山自然没有拒绝的理由，当时雷军也没有意识到 WPS 的价值，很快就和微软签署了协议。殊不知，这是微软给金山挖的一个陷阱。

在双方协议签署不久后，微软发布了最新的操作系统 Windows97，这个视窗系统功能完备且操作简单，而且加入了 IE 浏览器方便用户上网。Windows97 的发布受到了全世界的欢迎，盗版 Windows97 也迅速占领了中国的家用电脑市场，曾经辉煌一时的 DOS 转瞬间退出历史舞台，也将基于它运行的 WPS 一同拉下了水。当时的 WPS 用户担心无法读取 Word，后来发现它们已经完成了共享，就从 WPS 用户自动转为了 Word 的死忠粉。

直到这一刻，金山这才意识到自己犯了严重的错误，祸不单行，给 WPS 造成致命打击的还有盗版的泛滥。

当时，北京的中关村遍布很多盗版商，他们会把顾客带到一条小胡同的四合院里，拿出市面上流行的各种盗版光盘出售，每张售价不过五块钱，远低于正版，而且还提供售后服务——读不出来可以随时调换。自然，金山的 WPS 也是盗版的重灾区。

据统计，每天有成千上万的人到中关村购买盗版软件，外地的还通过邮购购买，中关村成为当时中国最大的盗版软件的交易中心。由于当时国家在知识产权方面保护得不够，加之很多普通用户愿意以低廉的价格购买盗版，导致盗版软件肆虐于市场。

那个年代，中国计算机用户已习惯了使用盗版软件，这就减小了国内软件和国外软件的价格差，让更多用户接受了外国厂商开发的通用软件产品。

所谓通用软件，主要是指操作系统、办公和杀毒等软件。这些软件表面看起来利润很高，然而在盗版和外国软件的围剿下，国内通用软件生存十分艰难，用户大量流失，让依靠 WPS 起家的金山几乎死在 1996 年。最终，曾经盛极一时的 WPS 逐渐淡出了人们的视野。

金山面临生死存亡，雷军则认为这和自己的领导不力有关，为了给求伯君一个交代，雷军提出辞职，被求伯君严词拒绝：他能接受任何人离开金山，却不能接受雷军离开。最后，求伯君给了雷军半年假期。

这六个月的"假期"对雷军来说相当于"刑期"：心情低落，度日如年。虽然盘古组件的失败并非雷军一个人造成的，但是他与生俱来的责任感却给自己背上了心理负担，更重要的是，雷军寄托在盘古身上的梦想破灭了。

有的人因失败而萎靡不振，有的人因失败而越挫越勇，但有一点不可否认：他们都必须经历一个低潮期，走出来或许柳暗花明，沉沦下去注定湮没人海。雷军是有血有肉的人，他必须为呕血三年的梦想做最后的诀别，不过他更清楚：被埋葬的只是盘古组件，并非是他的斗志，他还有大把的时间再奋力一搏。

经过一段时间的调整，雷军重新燃起斗志，他决定和求伯君并肩作战，扭转金山的颓势。

1996 年 11 月，重回工作岗位的雷军，对市场作出了四个大方向的判断：第一，未来十年，中国的软件行业会进入高速发展阶段并成为知识经济最重要的环节；第二，在大环境的影响下，金山会得到风险投资，由此步入发展的快行道；第三，金山的失败只是暂时的，它毕竟拥有一支强大的技术团队，而人才就是东山再起的资本；第四，金山的产品只要定价合理依然会有市场，这是国情决定的。

雷军不仅看清了金山未来的发展方向，在思想上也从一个程序员朝着管理者转变，他的商业视角要同时兼顾战略和战术，而不能局限于产品本身。为此，雷军给金山制订了新时期的作战方案：阵地战配合游击战，继续开发 WPS，稳定推进。很快，金山推出了"金山影霸"。

金山影霸问世后，很多人觉得金山偏离了主业，但是在金山看来这是自救的第一步。此时雷军也意识到了营销的重要性，在金山影霸上线时，他亲自站店面去了解用户，经过一段时间，他发现每个来店里的顾客都对金山影霸表示了浓厚的兴趣。

金山影霸获得了意想不到的成功，上市第一天就卖出 150 套，雷军也突然发现，金山需要依靠这些小软件"以战养战"，为核心的 WPS 业务做支撑。随后不久，金山又推出了国内第一款商业游戏软件"中关村启示录"，每套售价 98 元却供不应求。

1997 年 10 月，经历五年多的辛苦开发，WPS97 终于诞生。这次，它没有步盘古的后尘，一经问世立即引起了疯抢以至于断货，在两个月的时间内销量高达 3 万套，超过了当时中国所有办公软件的销售纪录，成为国内排名第一的办公软件。

金山在微软和盗版的夹缝中终于闯出了一条生路，这对雷军的职业生涯而言也是一次重要的转折。

每天 10 小时 = 起死回生

8848 的创始人王峻涛曾说："如果错过互联网，与你擦肩而过的不仅仅是机会，而是整整一个时代。"对金山来说，软件时代的盈利模式已经过时，它需要借助互联网时代的强大基因获得重生。

1997 年，金山词霸成为了 WPS 之外的另一个战略级产品，依靠零售、代工和企业客户授权等方式长期领先其他同类产品，成为金山的招牌软件。2004 年，金山词霸结合互联网增加了词霸搜索功能，成为传统单机软件和互联网相结合的典型代表。

2005 年，金山推出了金山毒霸，成为具有划时代意义的产品。

在金山内部，雷军是最早编写杀毒程序的。雷军当年开发的免疫 90 的经验给了金山一个机会。雷军通过调查市场发现，国内用户只愿意购买两种正版软件：一个是财务软件，另一个就是杀毒软件。在金山毒霸诞生之前，中国杀毒软件最有名的的是江民和瑞星，它们抢占了大部分的市场份额，而其余的蛋糕则被另外十几种杀毒软件分割。

早在 1996 年，雷军就考虑过做杀毒软件，因为当时金山的一些程序员觉得江民杀毒软件并没有什么特别之处，都想尝试开发出一款更好的。雷军告诉团队成员，要做就做行业前三，要么就不做。很快，金山毒霸依靠免费试用版敲开了市场的大门，雷军带领团队开发了基于互联网应用的邮件杀毒程序，而金山毒霸的病毒库也是当时杀毒软件中更新速度最快的，深受用户青睐，迅速占领了 30% 的市场份额。即便在多年以后，金山毒霸也长期位列国产杀毒软件排行榜第一。

虽然金山毒霸销量不错，不过金山的主要业务还是 WPS。在 WPS97 获得成功之后，金山又对它进行了升级改造，诞生了 WPS2000，并于 1999 年 4 月上市，比微软的 Office2000 早四个月。新版的 WPS 集成了图文排版、文字处理、电子表格、图像处理以及多媒体展示等五大处理功能，售价只相当于 Office97 的四分之一。

2001 年底中国加入 WTO 之后，WPS2000 一度成为政府大规模采购的正版软件之一。不过在个人软件领域，微软的 Office 显然更受用户欢迎。雷军不得不正视一个问题：或者放弃 WPS，或者再次向微软低头，用对方的格式重写 WPS。

无论选择哪一个，对雷军来说都是痛苦的抉择。最终，雷军审时度势之后决定重写 WPS，毕竟它是金山的核心产品。

2002 年 8 月，雷军向董事会提出：用三年的时间和 3500 万人民币重写 WPS 全部程序，让 WPS 和 Office 深度融合，夺回失去的市场份额。为了说服董事会，雷军指出：国内用户已经养成了使用习惯，很难逼迫他们放弃 Office 选择 WPS，只有让他们自由地在二者之间切换才能保住 WPS 的市场份额，为此，WPS 从菜单界面到操作模式必须完全一致，才能维系用户的使用体验。

董事会通过了雷军的提议，然而微软不会公布 Office 的源代码，雷军只能带着团队自己摸索，耗费了大量的时间和精力。经过三年的努力终于成功开发出了 WPS2005。

这款软件完成了和 Word、Excel 和 PowerPoint 三大软件的兼容，在操作界面上也实现了和 Office 的 99.99% 的相似度，还弥补了 Office 的一些缺陷。

在金山研发 WPS2005 的基础上，又申请了"国家 863"计划，得到了丰厚的课题经费。2007 年底，WPS 在中国办公软件政府采购市场中占据一半以上的份额，在个人市场也达到了 20%。WPS 的逆境重生和雷军的努力是分不开的。

在推出金山毒霸和金山词霸的同时，金山开始瞄准另一个利润丰厚的市场——游戏。为此，金山成立了西山居工作室，推出的第一款游戏就是《中关村启示录》，成为中国第一款模拟经营类的游戏，而且它的名字富有深意：虽然金山距离成功还很远，却显示出了势在必得的野心和志气。

2000 年是中国的网络游戏元年，当时最成功的一款是华义国际代理的日本游戏《石器时代》。

网络游戏的火爆让雷军陷入思考：当时国内网游市场处于"列国纷争"时代，只要抓住商机可以趁机做大。

为了深入了解网游，雷军去韩国考察了当地的网吧。在那里，雷军被游戏玩家的火爆场面所震惊，让他意想不到的是，韩国的很多玩家还在玩1998年上市的《天堂1》，可见网游的生命周期并不短。

2002年，雷军向董事会提出要做网络游戏，并建议将正在开发的《剑侠情缘3》单机版改成网游版。雷军认为，网络游戏具有单机游戏不具备的一个优势：不怕盗版，而且国内很少有公司独立开发出网游，研发能力出众的金山应当尝试。由于求伯君也是一个游戏发烧友，所以他全力支持雷军。

在开发《剑侠情缘》的日子里，雷军白天工作，晚上彻夜玩游戏，因为他向高管们下达了命令：每个人都要在网游中升到40级。雷军深知，只有亲自玩游戏才能发现设计中的问题，而这直接关系到客户对产品的评价。依靠这种边玩边学边开发的精神，《剑侠情缘》网游版终于在2003年问世。

2003年7月，金山在涿州影视基地召开了《剑侠情缘》发布会，几千人穿着古装将现场气氛推到顶峰，大家如同梦回大唐一样被深深地震撼了。借助发布会的造势，金山很快在国内展开了营销活动，金山的市场推广团队不辞辛劳，一个网吧接一个网吧地游说，劝说老板下载安装客户端，还在网吧的显眼位置上贴上宣传海报。在他们的努力下，很多网吧都安装了《剑侠情缘》客户端。为了方便推广，他们还发明了城市网吧地图并和很多网吧建立了长期合作关系。

《剑侠情缘》没有让金山的心血白费，一度取得了 5 万人同时在线的好成绩，只用了不到一个月的时间就跻身中国网游市场的第五位，这在被韩国游戏全面霸占的市场中实属不易。随后，金山陆续推出了《封神榜》《春秋 Q 传》《反恐行动》等多款游戏，成为当时国内最有研发力和创新力的网游公司。

雷军没有被成功冲昏头脑，他的视线投向了海外市场，制定了抢占海外市场再利用口碑效应杀回国内市场的策略。从 2004 年开始，金山先后和马来西亚、越南、新加坡等地的游戏公司建立合作关系，打开了东南亚市场。

求伯君是金山高手中的高手，而公司的企业文化就是工程师文化。雷军从进入金山那一天起，就想以高级软件工程师的身份证明自己，他每天至少工作 10 个小时，还经常亲自参与编程，他对自己的要求是"零缺陷代码"。不过，求伯君告诉雷军，应当把宝贵的精力放在管理上而不要参与编程，但雷军舍不得放下他钟爱的工作，直到后来发生的一件事改变了他的想法。

当时，公司招聘了一个新员工，在雷军的授意下重做了他的电脑系统，却自作主张地将硬盘全部格式化，让雷军积累多年的源代码都丢失了。不过，雷军并没有发火，他认为这是"天意"：他确实要从工程师的身份转变为真正的管理者。从此，雷军不再参与编程。不过，他并未因此变得轻松，反而更加忙碌，经常在下班后和公司高层长谈至深夜。

随着队伍的壮大，雷军管理起来有些力不从心，他开始研究一种全新的管理模式——走动式管理。这个"绝活"并非雷军原创，而是管理大师汤姆·彼得斯在《追求卓越》中首次提出的，被很多企业奉为管理宝典。所谓走动式管理，就是让管理者多深入团队，多走访一线，不要躲在办公室里等着手下过来汇报工作，避免在上下级之间形成一种僵化、死板的状态。

很快，雷军在金山正式推行走动式管理，他每天早晨都会在手下那里走一遍，和他们交流当天的工作安排，快下班时又出去走一遍，查看手下完成工作的进度，及时发现问题。

在雷军的影响下，金山每一个中层管理都采用了走动式管理的方法，还将这个理念延伸：对待客户经常走动，对待媒体经常走动，对待同行经常走动……由于密切了和外界的联系，金山随时都能掌握最新的信息。

当雷军带领的团队发展到一百多人时，走动式管理就有些吃力了，雷军马上改良了这种模式：把员工分成不同的部门，构建起多层级的管理架构，让每个部门的负责人进行走动式管理。由此，雷军总结了一条经验：一个人管理五到九个人才是最佳状态，人多了就要分成几个层级。

在雷军的努力下，金山上下团结一心，走上了井然有序的发展道路，求伯君称赞雷军："当初你还担心不能胜任，现在这不是局面一片大好嘛！"

从1992年加入金山，雷军每天兢兢业业地工作，是IT界公认的劳动模范，甚至连他的竞争对手周鸿祎也高度赞誉他："雷军很少陪他的两个女儿，他跟我一样，有公司没家。"

长期以来，雷军将马丁·路德·金的"I have a dream"当成自己的座右铭，他要让激情燃烧年华，创造不朽的业绩。

B2C，他比马云关注得更早

唐太宗曾说："农夫喜其润泽，富人恶其泥泞。"同样的事物在不同人的眼中往往含义不同，这种差别有时候是个人好恶，有时候却能体现出眼界和思维的不同。当整个时代进入高速发展和猛烈变革的阶段之后，人们的视角差异往往决定事业的成败。

1997 年，IT 从信息技术升级为互联网技术，互联网的浪潮从美国扩展到了中国。雷军敏锐地意识到，互联网暗藏的商机远远高于软件业务。就在这时，一个叫高春辉的人找到了他。此人和雷军在 1996 年相识，因做个人主页在 IT 界小有名气。高春辉给了雷军一个富有创意的网站建设方案：专门提供 IT 资讯和软件下载。

雷军立即将高春辉的方案告知董事会，董事会拿出 50 万元让雷军和高春辉做这个项目，卓越网诞生了。

卓越网初创时期只有 5 名员工，高春辉以每天工作 14 个小时的代价，用了半年的时间就让卓越网在 CNNIC（中国互联网络信息中心）排名位居第 33 位。虽然高春辉技术过硬且吃苦耐劳，却缺少商业思维，他似乎从没考虑过盈利问题，他的思路是：只要提升流量就能带来收益。

当你的决策正确时，固执是成功的助推剂；当你的决策失误时，固执是失败的引诱素。

在互联网广告欠发达的那个时代，流量换成银子并不容易，反而会成为负担：随着卓越网的知名度提升，对硬件设施和网络带宽提出了更高的要求，租用网络，购买服务器……这些花销将近一千万，远远超过了 50 万的启动资金。

高春辉痴迷在流量的海洋里不能自拔，雷军却不能跟着头脑发热，他必须要对股东的钱负责，他开始质疑发布 IT 资讯和免费软件下载是否有前景，高春辉却认为雷军不懂网络。

1999 年，当当网诞生，8848 出世，掀起了 B2C（商家对顾客）业务浪潮，很多网民开始尝试足不出户就把钱花掉的新购物模式。在国外，最成功的 B2C 平台是美国的亚马逊网，雷军从中获得了灵感：为何不将卓越网改为电子商务网站呢？然而很快雷军就发现这更是一条烧钱的不归路。

资金，一直是创业者和管理者的噩梦，雷军的多少次梦想都倒在了金钱之下，这一次，他不甘心就此罢手。很快，雷军用长达十五页的 PPT 说服了非执行董事张旋龙。然而另一个麻烦出现了。当时金山同步推进两大项目：一个是雷军负责的卓越网，另一个是求伯君负责的逍遥网（在线旅游服务）。技术人员不够分了，此时高春辉也不满雷军搞电商而辞去了总经理的职务，雷军只好临时招了100多人做卓越网。

雷军意识到互联网不是产品而是工具，它的存在价值是帮助用户解决问题，特别是要建立发达的物流体系才能确保用户的购物体验。在认清了中国市场的消费特点后，雷军终于理顺了思路：如果卓越网只出售有限商品并实行完全库存，就能让用户下单之后很快收货，而且会在销量提高的同时降低采购成本，形成良性循环。

雷军加紧了对卓越网的转型进程，虽然没有马上盈利，但也不像过去那样一味地烧钱了。2000年5月11日，雷军在北京的香格里拉大宴会厅发布了"尼罗河计划"，宣布新上线的卓越网改变经营模式，主营图书、软件、音像制品以及玩具等文化娱乐消费产品，另外电子商务、版权发行和IT资讯也将在一个月内陆续推出。雷军的营销才能发挥了重要作用，他先后筹办了王菲和那英的演唱会，并推出卫慧写真集等具有话题性的营销事件，与此同时，一个巨大的商机向他走来。

当时，周星驰的《大话西游》在网上火爆起来，雷军发现了其中暗藏的商机，从出版社低价购进了一批《大话西游》VCD，定价开始是40元，后来又降到了20元——和盗版没有差别。很快，《大话西游》光碟销量猛增，最多一天售出5000多套，库存的5万套没用多久便脱销了。雷军马上联系出版社进货，先后卖出了10多万套，卓越网名声大震。

2000年7月，《大话西游》热销依然不减，雷军将出版社中的全部光盘都买下来，以4元一套的超低价格出售，结果第一天就售出5000多套，总计售出12000多套。虽然平均每套亏损3元钱，但是4万多的亏损却为卓越网做足了形象营销。雷军趁热打铁，随后又购进《东京爱情故事》《加菲猫》等热销音像制品。2000年11月，卓越网的日销量超过了15万元。到了年底，日营业额突破25万元。

雷军为卓越网制定的销售策略就是"长年不间断的打折"，三折、四折的优惠是家常便饭，不过5元钱的配送费却保持不变，而这正是雷军的高明营销策略：因为用户只买一件商品会觉得对不起运费，所以会顺便选购其他商品。

卓越网形势喜人，雷军也信心满满地喊出了"要做中国的亚马逊"的口号。就在这时，卓越网的短板也随着快速发展暴露出来：因产品库存不足和物流配送效率不高等问题接连遭到用户投诉。库存不足是卓越网缺少供货商，而物流慢是受制于当时国内未成形的行业现状。为了消除这两大短板，雷军决定建立属于自己的仓储物流体系。

2001年6月，卓越专卖店诞生，随后在国内全面铺开。2002年3月，北京世纪卓越快递服务有限公司成立，接着又在国内成立了三个配送中心，解决了长期困扰雷军的物流问题。2002年12月，卓越网上线了电话订购业务，方便用户在购买商品前进行咨询。

客观地说，雷军考虑问题全面具体且有超前意识。卓越网如果遵循这样的轨道继续发展，成为"中国亚马逊"的梦想或许并不遥远。然而，快速发展的卓越网始终无法回避一个现实：图书和音像制品的利润都不高，加上折扣更是压缩了利润空间，难以对线下开设的专卖店、配送中心提供充足的资金保障，造成了投入和利润不对等的矛盾。

出于盈利的需要，雷军决定放弃只做文化产品的既定路线，而是以"中国沃尔玛"为新的发展方向，扩大卓越网的销售范围。

2001 年 9 月，卓越网终于实现了收支平衡，还被文化部认定为中国音像电子商务领域的标杆。不过，卓越网的发展前景渐渐蒙上一层阴霾。由于当时国内的电子商务市场处于萌芽阶段，缺少第三方支付平台，用户在购物时很不方便，选择网购的人并不多，然而雷军还是一心要做大卓越网，他不断追加投资，用于构建配套服务体系。

在烧钱中盈利，画面自然很尴尬，金山的董事们终于坐不住了，他们开始质疑卓越的发展前景。雷军也意识到，只有融资才能维系卓越网的生存，于是他找到了美国老虎基金，它和专注于中国市场的 IDC 资本都曾投资过当当网，自然也欣赏卓越网的商业模式，甚至表示"你要多少钱我们都可以投"。然而，金山不想让他们的股权被外来资本稀释，因此只接受了 5200 万元的融资。

2003 年，老虎基金正式注资卓越网，雷军加强了品牌推广、市场营销和区域拓展，同时还对卓越网的基础设施升级。就在同一年，卓越网的注册用户达到 365 万，销售额过亿，超越当当成为业界第一。然而在这美妙的数据背后，却是不容回避的事实：从 2000 年创立开始，卓越网始终没有找到最佳盈利点，吃掉了 4000 多万的投资却依然入不敷出。

卓越网成为了金山喂养的"无底洞"，似乎永远填不满，雷军也如坐针毡，感觉到前景不妙。就在这时，一个"转机"出现了。

2004 年，亚马逊的投资人来到中国，表示愿意收购卓越网。经过谈判之后，亚马逊全资收购卓越。雷军感慨地说："对美国人来说，亲手创办一个公司并卖给跨国巨头，可能是非常大的成功，但对中国人来说，就像卖掉自己的子女一样。那一个月时间，我几乎每天都在想卖还是不卖，心里很不舒服。"

雷军是一个理想主义者，更是一个识时务者，他最终还是选择了向现实妥协。2004 年，雷军同意亚马逊收购卓越，在当年 8 月 19 日和亚马逊正式签约，协约规定：卓越以 7500 万美元的估值卖给亚马逊。减去成本投入，金山和联想还得到了 500 万美元。

曾经卓越网的目标是打造"中国的亚马逊"，如今却成为了"亚马逊的中国站"，这个戏剧性的反转让雷军很不是滋味。卖掉卓越之后，他半年都没有再登录，他想彻底忘掉它，这种巨大的失落感只有创始人才能体会到。

塞翁失马，焉知非福。卓越并入亚马逊虽然对雷军的感情造成了伤害，但在经济上却是一种补充。雷军拥有卓越 10% 的股份，被亚马逊收购后得到了 750 万美元（约合 6000 多万人民币），积累了一笔丰厚的财富。正是这笔收入，让雷军日后的职业生涯发生了重要转变，他从一个打工者变身为天使投资人。

光荣上市与悄然离去

光荣与悲哀，往往只有一线之隔，决定它们的不在于剧情，而在于视角。有人能够从浮华中看到衰败，有人能够从落魄中看到崛起：角度不同，风景就不同；高度不同，境界就不同。

重新崛起的金山渐入佳境，而雷军也在筹划着更大的目标——上市。这个愿望从他出任总经理之后便记挂在心。在国内的众多互联网公司中，金山是最早筹划上市的，却是经历最曲折的。

曾经有员工跟雷军开玩笑说："从进公司那天起就听说金山要上市，每年春节都告诉家里人，然而等了很久也没动静，弄得家人都不信了。"虽然是一句玩笑话，但雷军却被深深刺痛，为了金山的股东也好，为了广大员工也好，他必须让这个目标尽快实现。

2003 年，金山计划在国内主板上市，当时正是金山业绩增长的黄金时期，随着中国加入 WTO，国内越来越重视知识产权，金山的很多产品得到了保护，营收情况可观。为了有更好的财务表现，金山暂停了小项目的支出，集中全力准备上市。可就在这时，由于网络游戏的兴起，雷军认为如果忙于上市将错过这趟列车，于是暂缓了上市计划，将大量资金投入到网游的开发工作中。事实证明，雷军的决策是正确的。

2005 年，金山腾出精力再次准备上市，这一次将上市地点选在了纳斯达克，因为当时很多网游公司都在这里上市。第二年，雷军说服了广大股东，让他们全力配合，调整好公司的发展节奏，暂停上市，改为私募。

雷军为什么放弃上市了呢？在他看来，既然是为了融资，私募比上市能够获得更多的投资。2006 年 8 月，金山从新加坡政府投资公司、英特尔以及新宏远创基金获得了 7200 万美元的资金。有了充足的资本，雷军马上调整了金山的发展方向，提出"产品第一、客户至上、向谷歌学习"等口号，给团队人马打足了兴奋剂。

2007 年，金山又一次启动上市计划，这次瞄准的是香港主板。雷军之所以放弃纳斯达克，是因为香港的融资能力强，而且金山的发展和香港有着密切联系，在香港有一定的品牌知名度，对今后股价的提高有很大帮助。

从 2006 年开始，金山就着手做上市的筹备工作，会计事务所开始了紧张的审计工作，而金山则对外界严密封锁消息，避免了前几次上市未成又闹得满城风雨的教训，一切以低调为准。2007 年，新浪科技发布了《雷曼预测金山今年盈利将达 1.39 亿，10 月 9 日上市》的新闻，引起了公众的关注。

　　为了给上市造势，雷军带着金山的高管去香港路演，他们的第一场投资者午餐推介会在香港的港丽酒店举行。在路演现场，金山的高管们和一些银行代表向现场一百多位投资者、基金经理、分析师介绍金山软件的成功历史并展望美好的未来，大家对金山充满了信心。

　　在香港路演结束后，雷军和求伯君等人又先后去了新加坡、伦敦、纽约、波士顿等地。在一次路演中，雷军激情四射地说："经过了 19 年的风风雨雨，从办公软件杀到词典软件、杀毒软件，再到网络游戏，任何一个战场我们都能排到前几位，我们被证实是一支有战斗力的队伍。"

　　雷军为金山规划的未来是：成为世界级的软件技术公司。这个宏远的目标赢得了投资者的认可，雷军认为，金山将在未来的两年内，从现有的一千人扩展到两千人，建立一支庞大的战斗团队，而且要在 WPS、毒霸和网游等业务领域持续推进。

　　在盘古组件失败后，金山经历了大批人才跳槽的尴尬，因此雷军十分看重人才队伍的招募和留存，他在上市募集的资金中，特地拿出 1.7 亿元用来招聘毕业生和研发人员，成为大家议论的焦点。雷军说，这是因为金山重视人才，跟 1640 名员工的努力付出密切相关。

　　2007 年 10 月 9 日，新浪网络直播了金山上市的现场画面：1600 多名金山员工激动地等待着。上午 10 时，求伯君从香港打来电话，金山股票以 3.9 港元开盘，随后在员工中爆发了经久不衰的掌声和欢呼声。

　　这是金山发展历程中值得纪念的一幕。这一年，金山 19 岁。雷军在致全体员工的信中说道："从此刻起，金山翻开了新的一页，我们将以快乐、轻盈的步伐开始乘风破浪、大展宏图的新征程！"

然而，就在金山上市之后，雷军辞去了 CEO 的职位，这一年他 38 岁。

雷军为何要离开金山？这一直是外界众说纷纭的话题。按照雷军自己的说法是：他太累了，想要休息一下。有人不信，结果看到雷军在医院里输液，这才闭上了嘴。

平心而论，雷军在金山可谓鞠躬尽瘁，贡献了全部精力和心血。但是，劳累并非他离开金山的主要原因。众所周知，香港金山是由张旋龙最早创办的，珠海金山是求伯君一手经营的，起初两人都有 50% 的股份。后来，随着金山的壮大，股权结构发生了变化：求伯君拥有 21% 的股份，雷军拥有 15% 位居第二。无论是从股权还是影响力上，求伯君都高于雷军。求伯君创建了 WPS 时代，雷军开启了多元化发展，两个人的地位差别在逐渐缩小，形成了"双创始人"的结构。

求伯君十分看重雷军，从加盟金山开始就一路扶持他，雷军和他并不存在个人恩怨。不过二人在发展思路上还是存在分歧：雷军希望金山向互联网时代转型，而且越早越好；求伯君却想固守软件时代的模式。雷军无法说动他，只能一次次妥协退让，最终无奈离开。

除了管理层的分歧之外，雷军离开金山还有一个原因，那就是人才流失。作为中国起家最早的软件公司，金山拥有一大批经验丰富的老员工，当时 1000 名员工中有 400 人拥有股份，也正是老员工太多，无法给新人广阔的上升空间，而内部僵化的股权结构也无法激励新人，迫使他们选择更好的平台发展。如果金山的董事会能及时吸取教训，也能亡羊补牢，然而他们并没有这样做。人才队伍的老化和断层，让雷军看不到金山的未来。

除了以上两个原因，金山缺乏核心业务也是雷军心中的痛。虽然WPS曾经是明星级产品，可是在Office的打压下始终只能占据有限的市场份额，而金山一度引以为傲的网游也渐渐被对手赶超。面对种种弊病，雷军想改革却又没有绝对权力，又不能眼睁睁看着它走向衰落，唯有离开才是最温情的告别。

离开金山时，雷军签署了竞业禁止协议：金山涉及的业务他都不能进入——意味着他擅长的业务领域都不能做。在辞职之后，雷军有一段时间无所事事，他跟朋友说，自己提前感受到退休老干部的凄凉。

不过，也正是离开了金山，让雷军看清了一些事：投资人和CEO之间存在矛盾，管理团队在长远发展和利益驱使上有矛盾，理想产品和市场需要的产品有矛盾，规则和人情有矛盾……种种矛盾无法解决，他就无法继续留在CEO的位置上。

对雷军来说，留在金山只有一种可能，即随着这艘昔日巨轮缓慢地航行在互联网时代的海洋上，而离开金山将有无数种可能。其实，离开不是结束，而是新的起点。

王者归来，再造金山

马里兰号战列舰是美国科罗拉多级的二号舰，曾经在 1941 年的珍珠港事件中遭受两枚炸弹的袭击，不过由于主体未受到严重损害，经过修复后重新投入太平洋战场，先后参与了吉尔伯特、马绍尔群岛等战役，在第二次世界大战中获得 7 枚战斗之星。很多军事迷都将马里兰号的传奇经历看成是"王者归来"。

一艘战舰的命运尚且起伏跌宕，一个人的经历难免也会曲折复杂。雷军离开了奋斗十几载的金山，心中免不了有遗憾和懊恼，但他一直关注金山的动态，毕竟金山倾注了他十几年的心血和青春。即便他成为了受人仰视的天使投资人，他心中仍然给金山保留了一个位置。

2010 年，艰难渡过互联网寒冬的金山，再次陷入了发展停滞的泥潭：连续三个季度营业额下降，主业务网游处于前所未有的低迷状态，杀毒软件遭遇了 360 的威胁，股价也从 2009 年最高 9.17 元的价格跌到 4 元，差点儿跌破上市时的发行价。

和经济上的损失相比，金山遭遇的更可怕的损失是人才的大量流失，而这也是雷军离开时担心的隐患。眼看着亲手创建的企业走下坡路，求伯君坐不住了，他决定退休，却不知道让谁来当接班人。

金山是一家比较特殊的公司，它既流淌着软件时代的血液又注入了互联网时代的基因，所以掌门人必须是一个既懂软件又懂网络的全能型人才。求伯君思前想后，最终将视线落在了雷军身上。当然，求伯君也知道雷军离开的真正原因是想自己创业。

尽管雷军今非昔比，但求伯君坚定地认为，只有他能够为金山掌舵。于是，求伯君让张旋龙找雷军去谈，雷军起初并不想回归，然而张旋龙反复找他聊了二三十次，最后雷军才答应挑起大梁。

从感情上说，雷军没有忘记金山，他也清楚金山业绩下滑的根本原因，而这个问题不解决他就无法胜任董事长的职位，因为他不想让金山毁在自己手里。经过几番思量，雷军在 2010 年正式回归金山。

都说新官上任三把火，雷军的"王者回归"也同样烧了三把火，而且还是杀伤力极强的三昧真火。

第一把火是让金山安全和可牛软件正式合并，建立一个新的金山网络公司，由可牛的 CEO 出任新金山的 CEO，雷军和求伯君则出任新公司的董事长。金山网络公司成立之后，马上宣布一项重大改革：金山毒霸免费。

金山毒霸免费并非是向用户妥协，而是雷军回敬 360 的第一招。原本金山毒霸在中国市场很有影响力，一度占据 30% 的市场份额，然而 2008 年崛起的奇虎 360，只用了三年的时间就抢走了杀毒软件市场的大半江山，导致金山用户逐年减少。

只有遭遇强大的对手，才有深刻的自我反省。

雷军认为，金山并非输在收费上，而是败在了理念上，虽然 360 免费，却通过网络广告和网络下载等方式间接从用户身上赚钱，这就比金山直接向用户收费高明很多。因此，雷军才选择了可牛作为金山的"合体"对象，就是为了让金山的软件优势和可牛的网络优势相结合。

第二把火是与腾讯合作，其实金山和腾讯也曾经是"亲密战友"。2009 年，互联网爆发了著名的"3 金大战"，360 安全浏览器阻止金山网盾，还发文指责金山误报 IE7 的漏洞，大打口水战。第二年，腾讯和 360 又爆发了震动全网的"3Q 大战"，360 安全卫士和 QQ 互不兼容，逼迫用户二选一，最后在工信部的调停下才实现和解。有了共同的对手，腾讯就积极和金山合作。

2011 年，腾讯收购了求伯君和张旋龙 15.68% 的股份，成为金山最大的股东，此外还给金山注资 2000 万支持金山的发展。腾讯的扶持让金山有能力对抗 360，不过金山并不打算将决策权拱手让人。于是，求伯君和张旋龙将手中剩余的 12.59% 的股份委托给了雷军，这样雷军就拥有了 22.89% 的股份，最终掌控了金山的决策权。拥有企鹅帝国这个强大的盟友，金山对抗 360 的底气就更足了。

第三把火是寻找合适的 CEO，这也是求伯君一直未能完成的工作。

天使投资人的经历让雷军接触到了很多优秀的人才，很快，他将视线锁定在时任微软亚太研发集团的 CTO 兼微软亚洲工程院院长的张宏江身上。张宏江毕业于郑州大学无线电系，后来去丹麦科技大学进修并拿到了博士学位，随后又进入美国硅谷中心的惠普实验室担任研究员，他技术过硬且有海外背景。雷军认为张宏江具备创新能力，也对互联网有深刻的认识，符合金山对 CEO 的要求。

2011 年，张宏江帮朋友约雷军谈一个合作项目。二人见面之后，雷军忽然话锋一转，问张宏江愿不愿意做金山的 CEO。张宏江十分意外，第一个反应是自己做不了，不过雷军却认为他是最合适的人选，于是张宏江空降到了金山。

在全面了解金山的现状之后，张宏江得出了结论：金山在中国 IT 界称得上是元老级的公司，但是资历老并不值得骄傲，因为决定一个企业生命周期的是它的创新精神，而金山现在最缺少的就是与时俱进。

为此，张宏江决定重塑金山的企业文化。在他的主张下，金山的各个团队都被调动起来，对这位新任 CEO 的改革也充满了期待。此外，张宏江还做了战略部署：金山应当尽快调整方向进军移动互联网，这才有机会回归行业的顶端。为了招贤纳士，张宏江还通过 MBO（管理层收购）避免高管频繁跳槽，稳定军心。

张宏江的改革措施在一定程度上扭转了金山的颓势，以被人认可的领导力完成了雷军委托的重任。2016 年 12 月 1 日，张宏江退休，由西山居 CEO 邹涛继任集团 CEO。

雷军和乔布斯有一个相似之处，他们都在创造一个企业最辉煌的时代悄然离开，又在几年后回归。乔布斯回归之后，为苹果推出了 iPod、iPhone、iPad 等明星产品。同样，雷军回归后也在积极行动。在他上班的第一天，金山的股价就上涨了 4.43%，可见资本市场对雷军的重视，不过这也让雷军感到了压力。

张宏江在改革的同时，雷军也着手解决困扰金山发展的弊病，他找出了三大问题。

第一个问题是人才流失，当时金山的员工跳槽都破了纪录：市场部员工全体跳槽到金山前副总裁王峰的"蓝港在线"，暴露出金山在用人机制上的巨大漏洞。不仅普通员工管理不当，中高层领导的任用也存在问题。当时，金山游戏团队的负责人是盛大游戏系统的总经理吴裔敏，虽然他对网游十分熟悉，但毕竟是网络公司出身，和金山软件起家的企业文化并不符合，如果长期任用他势必会带来麻烦。

第二个问题是业绩下滑，当时金山最赚钱的是网络游戏，然而业绩却不容乐观——在中国十大网游企业中倒数。网游之外的杀毒软件业务也惨淡经营，至于其他的项目更是乏善可陈。

第三个问题是雷军本人的问题，当时他作为天使投资人成功地培育了十几家创业公司，对他而言回归金山似乎没有太大的必要，他到底能在这个位置上坐多久他自己也不知道，而且一旦举起改革的大刀，势必要触及一些人的利益，可能会遭遇重重阻碍。雷军担心自己面对股东和媒体时难以保持镇定，因为他太想拯救金山了。

尽管雷军面临的问题个个棘手，可他不能辜负求伯君的信任和期待。

雷军对游戏部门进行了大刀阔斧的改革，通过高管 MBO 保证了人才的稳定性，还通过建立合伙人制度改变雇佣关系，遏制人才的流失。为了改变网游业务的走低趋势，雷军认为金山首要转变的应是研发思路，必须放弃过去的精品战略，提升研发速度，才能更好地适应市场和用户。

雷军说干就干，他把西山居 500 人的工作室划分为若干个小团队，每个团队由二三十个人组成并且紧抓一个核心功能，用半年的研发时间去完成项目。这样做看起来有点儿像快餐文化，但作用非常明显：既能留住用户，也可以在上线之后对游戏进行修改。

对于杀毒软件业务，雷军通过与可牛合作保持了金山的技术优势，同时进行转型：让杀毒软件朝着互联网时代云安全的方向发展。

雷军的多元化投资让他对各个行业都有一定的了解，也能看清市场发展的脉络，所以他为金山制定的战略目标是符合其长远利益的。比如，雷军和张宏江制定的发展 T 盘和云端计划、金山毒霸的盈利模式转变、办公软件的移动终端化等项目，已经在业内达到了一定高度，绝非常人所能布局。

雷军曾经做出过承诺："金山集团将在三到五年内向金山云投入十亿美元，希望金山云能在业内做成一家市值百亿美元的公司。"和新生代的互联网企业相比，金山虽然显出几分"老迈"，但雷军仍然努力推动它继续前进。从雷军推行的一系列措施来看，他似乎有意让金山融入到小米的生态群落中，依靠高速发展的小米智能生态带动金山再度崛起。

第四章

雷天使的

散财计划

投资＝博彩，心态第一

2007 年，雷军挥别了奋斗十六年的金山，由于签订了竞业协议，他被迫放弃了过去给自己定的规矩——"不炒股、不投资"。在卖出卓越以后，雷军手里有大笔的闲置资金，正好可以用来投资有发展前景的项目。

虽然雷军还没有明确的投资计划，但他已经将大方向瞄准了三个最熟悉的领域：电子商务、移动互联网和社交，开始了从职业经理人变身为天使投资人的转型。

天使投资人诞生于 20 世纪初的美国，直到上个世纪末才出现在中国，主要是指用自有资产对早期创业企业进行投资的个人投资者。天使投资和风险投资最大的不同是，除了提供资金援助之外，还会根据投资人自身的经验和技能为创业者提供建议和帮助。

雷军做天使投资人时，国内没多少人知道这是个什么职业，也没有形成具有中国特色的天使投资群体。从法律上讲，当时中国只有《投创企业管理办法》为投资界的一切交易、合作行为作铺垫，并没有形成完备的法律体系，而美国的法律对投资者和创业者都进行保护，所以成功率更高，而当时中国天使投资的成功率不到10%。

天使投资最成功的案例莫过于Facebook，它的第一笔投资就来自天使投资人皮特，他最初投资的50万美元之后获得了超过2万倍的回报。因此，人们都说投资Facebook就像买六合彩一样充满戏剧性。雷军从这个案例中悟出了一个真理：天使投资就是博彩，即便输光了全部也不在乎，就是要去赌一个梦想。

敢用身家去赌梦想的人，往往会得到梦想的垂青。

雷军成为天使投资人和柳传志有关。柳传志不仅是联想的创始人，也是金山的大股东，他思维稳健，做事谨慎，在金山最困难的时候伸出了援手。雷军发现，哪怕是一笔微薄的资金注入，对创业者来说都可能是救命稻草，回想起当年三色公司和卓越网，如果有雄厚的资金扶持，结果或许就大不相同了。

雷军投资的企业多数是初创型的企业，所以很多人当时并不知道雷军是幕后支持者，直到这些企业成长之后才得知自己成为了"雷军系"。天使投资人的身份让雷军的超前视角有了用武之地：他看问题十分具有战略性且细致入微。经过一段时间的摸索，雷军发现过去电子商务做的是概念和未来，而现在必须要做生意。

为了降低诚信风险，雷军始终坚持"3F"原则：Family，Friends，

Fools，也就是只投资给家人、好朋友和"傻子"。雷军还有一个投资原则是，只要认准了人，哪怕对方搞砸了一个项目，他也会继续相信对方，而雷军几乎每次都能投对人。

有些人会造梦，有些人会追梦，也有些人一边帮别人圆梦一边为自己追梦，显然雷军属于这种人，"成全他人等于成全自己"在他身上有了淋漓尽致的体现。

雷军是在国内大环境不利的背景下扮演天使投资人的身份，虽然他的初衷是回报社会、支持科技创新，但实际上也是碰运气。当时很多天使投资人和创业者之间连基本的文件手续都不全，很多投资者和创业者的协约就是在本子上记录一下了事，放在今天简直不敢相信。雷军认为，创业的像跳悬崖，能活下来 5% 已经万幸，而投资的能活下一半都是祖坟冒青烟了。因此，雷军每次投资都控制在 200 万上下，如果赔了就认栽了。

随着投资经验的积累，雷军逐渐意识到：天使投资一定要广泛撒网，绝对不能将赌注都压在一个项目上，如果投了十家赔了九家也是正常的，而剩下的那个如果是 Facebook 就大获全胜。

对于雷军的这种理论，有人认为是在让大家做不靠谱的事情，但雷军却表示："如果赔了，我支持了创新，如果赚了，我就中了六合彩，这不挺好？反正做的时候我没想到会中六合彩，输了也无所谓。直到我中了几次之后，觉得这个事挺有意思。再说不入虎穴，焉得虎子，即便是在和骗子的博弈中你一样可以挣到钱。所以说，真正赔钱的人是投了几笔就撤了的，坚持下来的都没有赔钱。"

虽然雷军抱着博彩的心态去玩投资，但成功率却很高，于是有不少人跟着他学习投资经验。有一个企业家不远千里找到雷军求教，此人曾经在一个项目上投资了 500 万元，最后项目流产了，创业者又换了一个项目找他投资，企业家因为不甘心就继续投了 200 万元，可是几个月过后创业者又说钱不够了，企业家觉得已经花在他身上 700 万了，不如再跟进 200 万，结果这个项目既做不大又死不了，反而成为一个烧钱的大洞，前后赔进去 1000 多万元，企业家只好放弃。

雷军告诉他，每个项目只投资 200 万，如果做到一半还需要钱或者做砸了，顶多再追加 200 万，再多就没必要了。

雷军以独特的视角还原了天使投资的本质：花很少的钱博取最大的收益。这句话放在当时的投资界可谓一针见血，因为有很多人不愿意承认自己在博彩，但雷军从不回避这个事实，也就看得更开，走得更远。

虽然通过投资赚了钱，但雷军只把它当成业余爱好而非梦想，所以他并不喜欢"雷军系""董事长专业户"这种称谓，他更喜欢将"雷军系"看成是自己的朋友圈。对雷军而言，朋友的价值永远超过金钱的价值，因为朋友能创造财富，财富却不一定能买来真心相交的朋友。

雷军是一个有着良好心理素质的天使投资人，他总是在创业者需要他的时候出现，在不需要的时候悄然离开。因为他懂得，投资人过分关注创业者的项目会带给对方压力，而这对项目的发展是极为不利的。所以，雷军会给创业者减压，他表示无论第二天会发生什么，只要能继续做下去就可以。很多时候，雷军会为创业者的一点小成就而欣喜若狂，而在对方犯错误的时候也会报以宽容，还会在最困难的时候伸出援手。

雷军说过一句话："要投一小部分钱，占很少的股份，才能让创业者把公司当作自己的孩子，不会轻易放下不管。"在他看来，投资人过高占有股权会削弱创业者的责任感，因此他的投资绝学就是帮忙但不添乱。

雷军投资的尚品网（全球时尚轻奢购物网站）曾经出现很严重的商业模式问题，需要调整方向和资金，创始人赵世诚压力很大，然而雷军却用任正非的话安慰他："一个好的企业都要经过三次死亡。"赵世诚一直保留这封邮件至今。现在，尚品网经过几轮融资之后保持着强劲的发展势头。正如雷军所言："尚品网一年来的业绩超越了我的期望。"

在金山多年的管理工作，让雷军收获太多，尤其是对电商和互联网都积攒了不少宝贵经验，但他不会在人前卖弄，他认为自己无非是创业早一些、犯的错误多一些。

面对一些懵懂无知的创业者，雷军会慷慨地将他的经验传给他们，比如他告诉赵世诚：一星期的会最好集中在一天全部开完，在管理上要按照事情的轻重缓急排序，只抓最重要的前三件事。这些看似简单的经验，往往能够帮助一个企业扭转局面。

投资的公司内部会发生一些纠纷，作为投资者，雷军的原则是只支持老大。在他看来，只要老大不犯原则性错误，就必须无条件地支持他，如果老大能够干掉老二，他绝不会管闲事。对待创业者之间的矛盾，雷军一般不发表意见，他以对方的意见为主，但是会在必要时给他们提供一些思路。

"好大夫在线"的 CEO 王航曾经找到雷军，雷军认为这个网站有发展前景，就答应投资，可是王航一直没有拿到钱，就惦记着再联系一次雷军，结果还没等他打电话，雷军主动打过来，告诉他钱已经打过去了，而且还提出三点要求：第一他不要投票权；第二他会提建议；第三王航不必听从他的命令，即使听了雷军也不负责。

王航还以为自己听错了，因为他从未遇见过这样撒手不管的投资者。最后，雷军给他吃了一颗定心丸："只要你不违法，不做假账，不影响我的声誉，无论你干什么我都支持，哪怕是错的。你来征求我的意见，我一定会告诉你我的观点，但是最后我一定会说全部听你的。"

雷军一直认为，每个创业者都有自己的思维模式，如果投资人干预过多会影响到彼此的感情，也未必会对项目有积极的促进作用，所以他从不干涉创业者的主张。而且他还发现，那些被投资者牢牢掌控的企业往往倒闭更快，而那些相对轻松的企业，虽然会经历一些曲折，却有不少走上了正轨。

雷军由此总结出一条规律：天使投资人必须放弃控制——包含股权的控制，也包含心态的控制。

雷军有一个怪脾气：创业者不主动找他，他也不会主动找创业者，这倒不是他摆架子，而是他认为自己的知名度容易遮蔽创业者的亮点，让他们缺乏自信，丧失坚持做项目的动力。

雷军在金山的十几年履历让他发现一个真理：企业大多数的问题是源于不信任。对创业者来说，企业是他们呕心沥血创建的，他们才是最了解企业和产品的人，也拥有强烈的成功欲望，天使投资人不能剥夺他们对成功的执着追求，而是要合理地帮他们点燃，让创业者对公司产生高度的责任感，企业才会步入正轨。

正因为雷军看得太透，所以有越来越多的人愿意围在他身边，一个是能拿到钱，另一个能获得体面的尊严，如果为了创业连说话的份儿都没有了，岂不是违背了初心？

是金主更是导师

投资界流行一句名言："天使投资人投资前是投资人，投资后就必须转身创业家，得跳进去帮企业。"很多初创型的企业，他们缺乏资金的同时更缺乏相关的经验和人脉，仅仅依靠资金的注入未必能引导他们走向成功。雷军能够在投资界声名鹊起，不仅因为他的慷慨大度，更因为他能够给创业者指引方向，纠正他们一些错误的商业思维。

在雷军投资的众多项目中，真正揭开他职业生涯序幕的是拉卡拉。

拉卡拉的创始人孙陶然，从北京大学毕业后去了一家广告公司。1998年，孙陶然创办恒基伟业并担任常务副总裁，策划出了红极一时的"商务通"。除此之外，孙陶然还做过电子词典和杂志期刊，在十年内先后创业四次且每次都有不俗的业绩，他的第五次创业就是拉卡拉，他也被称为"中国最成功的连续创业者之一"。

孙陶然创立拉卡拉的目的是，做方便消费者使用的支付网络，让用户轻松办理账单支付、公共事业缴费以及信用卡还款等业务。他将这个想法告诉了雷军，不过雷军并没有弄清这个项目的细节，后来联想的投资总裁朱立南也知道了这个项目，就向雷军询问孙陶然的情况，雷军认为孙陶然做什么都能成功。2004年，雷军和联想一起投资给孙陶然200万美元。

在创业初期，孙陶然并没有完全摸透拉卡拉的业务模式如何构建，他仅仅有了进军金融服务行业的想法，一些细枝末节的问题需要处理。为此，雷军和孙陶然经常在一起彻夜长谈，讨论拉卡拉的发展方向，难怪孙陶然会说："雷军基本上相当于拉卡拉的半个创业团队。"

经过两年多的探索，孙陶然在2007年决定铺设支付网店，这是一项非常烧钱的投入。为此，拉卡拉进行了第二轮融资。不过在估值的问题上，雷军和孙陶然却有着不同的看法。

当时，雷军在会议室的白板上写了一个数字，朱立南表示认可，而孙陶然写下的数字却是雷军的两倍，气氛一度很尴尬，大家不知道该听谁的。最后，雷军对孙陶然说："企业是你做的，你觉得是这个估值，我们就支持你。"

然而现实给了孙陶然一记重拳，他做出的估值并没有被投资人接受——估值太高了，他这才意识到雷军写下的那个数字是经过对第三方支付市场深思熟虑的结果，于是采纳了雷军的建议，顺利完成了第二轮融资。

当回忆起这段往事时，孙陶然说："雷军作为天使投资人，特别能够关照到创业者的感受。这是非常难得的，我也非常感谢他。"

2006年2月，雷军将他持有的10.72%股权以10万元的价格转让给孙陶然，这并不是他不看好拉卡拉，而是想用自己的股份巩固孙陶然的地位，便于他招贤纳士。

在移动互联网发展的浪潮下，拉卡拉需要迎战支付宝、微信这样的线上竞争对手，压力巨大，不过雷军并没有给孙陶然施压，因为他不在意争一时的盈利，他看重的是拉卡拉的未来发展。对创业者而言，天使投资人最大的存在意义是：他们能够在某种程度上保护创业者，这种扶持往往能避免初创型企业犯下致命的错误。雷军作为投资者，股权已经在两轮融资后被稀释了，但他对拉卡拉的关注和热情依然不减。

现在，拉卡拉经过多年在金融科技领域的创新和摸索，已经成功地为很多个人用户和小微商户提供了高效专业的金融服务。2016年，拉卡拉的估值达到了百亿上下，成为以用户为导向的金融服务共生系统。

乐淘网和拉卡拉的情况类似，在它发展壮大之后雷军的股权不断被稀释，甚至有外国投资者提出要将雷军从董事名单中除名，然而创始人毕胜却说："我把你剔掉，都不能把他剔掉，就算你拿一亿美金我也会选择把你剔掉。"由此可见，雷军在他投资的创业者心中，已经成为了导师、朋友、最佳合伙人……而不仅仅是一个投资者。

多玩YY（欢聚时代）是雷军投入资金最多，也是"雷军系"中最早在纳斯达克上市的公司，此外，多玩也是倾注雷军心血和注意力的项目，正因为有他的导航引路，才让多玩迎来了黄金时代。

多玩的创始人是李学凌，他在《中国青年报》做实习记者时和雷军相识。李学凌为人固执，喜欢刨根问底，让雷军又爱又恨。2005 年 1 月，李学凌和雷军参加一个站长大会时说："我想用 UGC（用户生成内容）的方式重做媒体，做博客订阅。"对李学凌的这个想法，雷军并不看好，他认为博客市场非常有限，建议李学凌先做垂直门户，从游戏资讯入手。

在雷军看来，游戏厂商的利润最高，他们也愿意投放广告，对互联网的了解也高于其他商人，不用耗费太大精力就能拉到广告。

2005 年，李学凌辞去了网易总编的职位，带着 10 个人作为团队开始创业，得到了雷军 100 万美元的投资。4 月 11 日，多玩正式上线。半年之后，偏执的李学凌依然上线了博客订阅产品——狗狗。从投资金额来看，这是雷军投入最多的一次。后来，李学凌和雷军在一些问题上产生分歧，雷军依然投资给他。

李学凌虽然固执，但是也承认雷军对市场的敏锐判断超过常人。在狗狗上线不到半年之后，由于缺少作者和读者的互动一直不温不火，李学凌终于意识到这个项目没有前途。2007 年 6 月，狗狗域名正式转给迅雷运营的狗狗娱乐搜索，迅雷的游戏频道也使用多玩网的内容。

自己苦心研发的产品转让给他人，李学凌当然很郁闷，但是雷军又给他提供了一个新的业务方向：如果李学凌能在五年内将多玩做大 1 亿美元的规模就相当于拿到 100 分。雷军的这句话让李学凌万分震惊：在2005 年，国内网络游戏产业全面爆发，盛大的市值也不过 7 亿美元，多玩如何能做到 1 亿元的规模？

为了给李学凌指点迷津，雷军特地介绍给李学凌一款在线语音群聊工具——iSpeak，让李学凌和他一起投资，不过李学凌认为它没有投资价值。没过多久，iSpeak 就创造了 5 万人同时在线的业绩，李学凌这才发现游戏语音能帮助他达到 1 亿美元的目标，然而 iSpeak 的价格已经是雷军推荐时的 20 倍了。

对李学凌的固执，雷军也颇为无奈："学凌有个记者毛病，嘴巴太厉害，说话太损。6 个月前他觉得没价值，把人家羞辱一番，6 个月后又来买，这是不是挺难的一件事？"

李学凌自知错过了绝佳的商机，但是游戏语音的大方向已经确定了，于是他决定自己开发。2008 年 7 月，多玩旗下的 YY 语音测试版正式上线，此时雷军身兼 YY 和 iSpeak 两家公司的董事会成员，身份尴尬，又遭到两家 CEO 的投诉，夹在中间的雷军只好退出 iSpeak 董事会。

2008 年初，YY 语音尚处于测试阶段时，核心团队忽然遭到了"地震"：得力干将张云帆辞职创办了 178 网（国内最大的本地服务网络平台），从队友变成了对手，给李学凌当头一闷棍，逼得他差点儿放弃 YY。

雷军看在眼里急在心上，他深知 YY 的发展潜力，于是积极地帮助李学凌力挽狂澜。就在当年，命运多舛的多玩，在雷军的操持下实现了盈利，随后又进行几轮融资，发展迅猛，成为在即时通讯领域唯一能和腾讯叫板的产品：通话音质清晰，很多玩家一边玩着腾讯的游戏一边使用 YY 的语音。

2009 年 11 月 26 日，YY 语音上线仅一年就创造了同时在线人数超过百万的业绩，李学凌也将工作重心从游戏资讯转移到语音领域。后来，腾讯打算拿出 1.5 亿美元收购 YY 语音，还开出了返还创始人 40% 股票的诱人条件。面对优厚的收购待遇，李学凌心有些痒痒，然而雷军及时阻止了他。到目前为止，多玩 YY 的估值已经达到了几十亿美元。

李学凌的多玩可谓起起伏伏，如果没有雷军的扶持恐怕早就中途夭折了，这充分体现出雷军作为天使投资人的重要作用。2012 年，多玩在纳斯达克上市，雷军当年投资的 100 万美元变成了 1.33 亿美元，由此拉开了"雷军系"公司上市的序幕。

多玩上市当天，雷军参加了纳斯达克的开钟仪式，广告屏幕上还播放了他和李学凌的合照。为了纪念这有意义的时刻，雷军用手中的小米手机拍摄下来。

现在，多玩 YY 语音已经不再局限于游戏领域，还主做远程教育、会议直播以及明星演唱会，李学凌更加深入地触碰到了互联网的黄金矿脉，而他的成功离不开雷军的导师作用。

创业是一场战争，多玩在关键战略的决策上都是由雷军引导的，而且每一次都选对了道路。深谋远虑的雷军已经将资本运作玩得炉火纯青，无论是从战略角度还是投资角度，无论是从企业管理还是市场营销，雷军扮演的导师角色都对多玩的发展起到重大的推动作用。换句话说，李学凌的贵人是雷军，而多玩的救世主也是雷军。

欧阳修说："古之学者必严其师，师严然后道尊。"世间万事皆有其道，无论是经验丰富者、先驱行动者还是知识搜集者，只要对其中一"道"有足够的了解，都能成为初学者的导师，避免后来者重蹈覆辙。

雷军正是以敏锐的视角和高远的格局，帮助一个个初创企业由小变大，由弱渐强。

其实，雷军的投资哲学很简单：一是投入金钱，二是予以信任，三是提供其他资源。正是凭借这种卓然的智慧，才让"雷军系"日渐壮大，让小米成为敢与 BAT 等业界大鳄一争高下的劲敌。

喜忧参半的凡客诚品

投资大师彼得·林奇说过一句话："投资是令人激动和快乐的工作。但是如果不做准备，投资也是一件危险的事情。"

雷军在投资领域的成功并非依靠运气，而是依靠他对投资行业的了解以及对整个市场的判断。虽然雷军和金山签署了竞业协议，但是他最关注依然是电子商务。他认为电商是互联网投资布局中重要的组成部分，只有在电商领域的投入才能获得更大回报，其中最典型的投资案例当属凡客诚品。

凡客诚品的创始人陈年，在雷军经营卓越网时两个人就认识了。当时陈年是雷军的得力干将，卓越网曾经的辉煌和他有着密切联系。在卓越被亚马逊收购之后，陈年和新老板观念不同难以共事，最终离开。此时的陈年很茫然，在雷军的投资和建议下创办了"我有网"，主要做网络游戏道具交易，尽管是虚拟交易却属于电子商务的领域，而且我有网和金山、多玩都有业务上的关联，能够相互扶持。

虽然陈年对电商并不陌生，但他并不喜欢游戏，也无法产生创业的激情。很快，我有网消失在互联网。陈年回到北京大兴继续写他的小说《归去来》。这本书激发了陈年的斗志，而此时 PPG 公司问世后，陈年从中受到了启发。

PPG 是通过直营的方式，让互联网模式与传统零售业相结合。陈年认为，自己在卓越网积攒的人脉和经验能够帮助他完成这个新商业模式，在别人看来很难做的网站流量，陈年也能轻松驾驭。当陈年将这个想法告知雷军以后，得到了雷军的支持，很快凡客诚品就诞生了。

凡客诚品的英文名叫作 VANCL，拆分开来就是 VAN、C、L，其中"VAN"有先锋的含义，"C"代表陈年的姓氏，"L"代表着雷军的姓氏，可见雷军在当时电子商务领域中的重要地位。凡客的 700 万启动资金中，有 200 万是雷军投资的。

本来，在我有网倒闭之后，雷军似乎没有理由继续给陈年投资，然而雷军相信他的能力，表示不管他做什么都会继续投资。对于雷军，陈年也以实际行动回报他的信任。凡客诚品效仿当年卓越网的套路，在调查市场之后专门做几个类别，然后综合发展。经过一段时间的遴选，凡客挑中了男装衬衫和 POLO 衫。

2007 年 10 月，凡客诚品正式上线，两大主打产品一经推出，就以新颖的款式和优秀的做工吸引了大批消费者。2010 年，凡客发展到了鼎盛时期，一年卖出 3000 多万件服装，总销售额超过 20 亿元，成为全行业排名第四的互联网公司，在街头巷尾掀起了一阵"人民时尚"的风潮。

和卓越网相比，凡客是幸运的，在经营策略上也更高明，凡客做的是一个平台而非复制卓越网。然而，凡客的火爆并没有持续太长时间，它突然走上了一条错误的发展道路。

2011 年，凡客抢占移动互联网市场，在销售剧增的同时，大量的库存压力和第三方品牌的冲击，让凡客的品牌价值持续下跌，从起初的电商第一降到了前十名以外。

雷军得知后马上告诉陈年：凡客当时存在的问题是产品和对待产品的态度，凡客过于看重营销而缺乏产品，只能导致产品质量缩水，拉低品牌价值。但是，陈年并不赞同雷军的说法，他觉得凡客的产品都是优衣库和 GAP 代工的，质量不存在问题。然而在董事会的压力下，陈年还是想让雷军给他一个拯救凡客的锦囊妙计。雷军问陈年，凡客没有核心优势，只有做到"去管理层、去 KPI 和去贪婪"才能走出困境。

这一次，陈年接受了雷军的建议，裁减了公司内部副总和助理总裁的人数，取消了 KPI，让事业部更加专注产品，建立良好的口碑。2014 年 2 月，雷军再度为凡客诚品融资了 1 亿美元。2014 年 8 月 29 日，陈年喊出了响亮的宣言："凡客再不好好做事情，是要遭雷劈的。"这位文化气质浓重的 CEO 将工作重心从品牌策略转移到了产品策略上，希望挽回用户的心。

　　雷军曾经在凡客的发布会上说："我人生最倒霉的事情是投了凡客，以后只能穿凡客的产品。"有媒体认为雷军是在暗示凡客走到末路，事实上雷军本意并非如此，他看到的是凡客当前存在的问题，也希望未来能够翻身。不过明眼人都能看出，雷军从某种程度上被凡客"绑定"了——既不能撒手不管又不能投入太多资源，造成这种尴尬局面的主要原因，或许和陈年的性格有关。

　　陈年曾经是杂志主编，文人思维的他给当初主做图书的卓越网不少帮助，但也为创业者的他带来了过多的理想化："诗和远方"让他充满创业激情，也误导了他单靠激情来决策。陈年对产品和市场的认识不足，制定策略有些随性和情绪化，不客气地讲并非是合格的"商人思维"。2010 年，凡客最鼎盛的时期拥有超过 1.3 万名员工，而到了 2016 年，凡客只剩下了大约 180 人。

　　凡客是陈年的人生转折点，他体验到了巅峰状态的浮华，也跌落到命运的低谷，一度背负十多亿元的债务。

　　一部凡客的发展史，也是一部雷军的"辛酸史"，他见证了凡客从大跃进走向大萧条的全过程：八年间七轮融资，先后得到 6.2 亿美元投资，在即将上市时遭遇市场份额暴跌、库存积压、架构调整等风波。伴随着中国 B2C 电商市场的风云变幻，以淘宝、京东、苏宁易购为代表的电商平台，凭借"大而全"的优势，构筑了一道坚固的行业壁垒。

　　时至今日，凡客诚品被众多对手剿杀，已经不复当年的电商"扛把子"风采，陈年被迫放弃了大平台的梦想，回归产品本身，依靠品类的专一化和差异化建立优势。

对凡客的大起大落，雷军不无感慨地说："我们都忘了初心，当业绩快速膨胀时就想要的太多，内心太贪了，应该回到产品本身。"不过，也有人惊叹凡客竟然能够在夹缝中生存下来，至于未来还能走多远，目前还不可知。

从投资人的角度看，雷军选择凡客可谓慧眼独具，只是后来的一系列变数让局面逐渐不受控制。幸好雷军曾经说过，人靠得住比什么都重要，只要人在，一个项目不成还可以换另一个。

雷军投资的始终不是项目而是朋友圈，他认为投资就是朋友之间互相帮助："输了就当是帮朋友一把，赢了自然大家一起开心，你就把我当成一个热心的大婶好了。"也许，正是这种超然的心态才让雷军拥有了如此众多的支持者，毕竟人是最宝贵的资源。

顺为基金——友军养成手册

《吕氏春秋》中有一句话："万人操弓，共射一招，招无不中。"这句话放在商界中同样适用：做企业离不开生态链，搭建生态链离不开盟友。小米生态之所以能稳步推进，有赖于雷军为它培养了一批忠诚的友军。

2014 年 11 月，You+ 国际青年公寓在网络上被"曝光"：时尚前卫的装修风格，堪称现实版的"爱情公寓"，只为单身年轻人而建。然而紧跟着这条新闻之后的是更具有爆炸性的消息：小米要进军房地产？

正当大家议论纷纷之际，You+ 国际青年公寓的投资方——顺为基金的 CEO 许达来表示：目前小米并没有投资过 You+，也没有与之开展过合作，但是未来不排除这种可能。

雷军和顺为基金到底是什么关系？许达来"欲盖弥彰"的话语中又暗藏了什么呢？要回答这些问题，不妨将时间回放到2011年。

2010年，雷军在求伯君的邀请下重新回到金山担任董事长，虽然他能掌控的时间越来越少，不过他的个人资产却在升值。即便没有投资项目，雷军的个人资产也需要有人专门打理，为此他开始计划找寻一个团队管理投资。

在国外，个人投资基金发展得十分成熟，而国内正在起步，比如马云的云锋基金、徐小平的真格天使基金。随着天使投资人的资产持续累积，国内需要成形的创业投资基金。雷军经过一番准备，在2011年和许达来成立了顺为中国互联网基金，简称顺为基金。

顺为基金这个名字意思是"顺势而为"，这四个字也是雷军的人生信条。雷军之所以成立顺为，用他的话就是："我需要专业的团队帮我管理我的投资，很多投资者也希望我来帮他们管钱，我所投的项目在成长的过程中也需要融资，顺为的一些LP直接、间接地投过我的项目，他们也一直希望我成立一个基金来帮他们管钱。"

雷军认为，要想打通金融渠道就要用金融杠杆来帮助创业。顺为基金成立后，雷军出任董事长，许达来出任CEO。许达来毕业于斯坦福大学工业管理专业，算不上专业的投资人士，不过他在新加坡政府直接投资公司、美国国籍集团等多家知名投资机构做过管理，他的加入能够促进顺为基金的专业化和正规化。

雷军和许达来早在2005年就相识，雷军十分欣赏许达来的专业素质，有事也会向他请教，两个人在一些问题能够达成共识。2011年，雷军和许达来喝茶时提出了想要创办基金的想法，他们说干就干，雷军负责管理，许达来主管运营。

成立顺为基金后，雷军的投资理念依然保持不变，因为投资的大方向还在他的掌控之中，因此顺为基金充满了雷氏思维的特征。雷军的战略眼光让顺为基金果断地在 A 轮和 B 轮融资中孤注一掷，取得了不俗的业绩。

顺为基金的成立，从一个侧面证明雷军将投资这个业余爱好组织化了，他不仅要玩得好，还要玩得专业。我们还可以解读出：雷军在投资领域的专业化也是中国天使投资走向市场化的真实写照。从表面上看，雷军成立顺为基金是个人投资的延伸，但实际上造福的不仅是他个人而是他的整个朋友圈。

顺为基金创立之初，许达来并没有让它成为小米生态链的组成部分。2014 年，小米进入了发展的快车道，需要创建自己的生态链，正如苹果的生态链中有富士康一样，小米也需要一个金融领域的亲密战友共同开疆拓土，于是顺为基金理所成章地融入了小米帝国。

顺为的投资方向包括移动互联网、电子商务和社交网络平台等，投资的对象大多是初创期的优质创业公司。顺为基金和 BAT 投资不同，它更多关注的是那些处于成长期的企业而非成熟的项目。此时，雷军依然保持着只投人和不投生人的基本准则，比如一起作业网，顺为基金一开始对它的兴趣并不大，但是在和创始人刘畅接触之后，许达来十分欣赏他，而雷军则表示没见过如此完美的人，很快对其进行投资。

顺为基金先后两次投资小米科技，此后又对雷军系的多玩、乐淘等企业跟投。雷军依靠顺为，将投资领域从天使投资扩展到了 A 轮和 B 轮的融资环节中。顺为和小米形成了互补关系，小米相当于心脏，顺为相当于从心脏里泵出的血液，负责小米生态的全部运作和内外循环。

顺为基金从 2014 年年初开始就将投资目标朝着和小米生态链相关的公司倾斜，据不完全统计，现在顺为和小米合作的项目在 50 个左右，其中主要是智能硬件。这些项目都是小米生态链体系中的公司，比如小米移动电源、小米手环、空气净化器和小米耳机等。

顺为投资智能硬件的理念是：一方面要符合小米的主要用户群体，另一方面要能和其他小米产生互动，形成结构性的补充关系。随着合作程度的加深，顺为基金长期关注小米商业模式的构建和完善，从而在观念上与之深度契合，为小米日后的生态布局打好提前量。从长远战略的角度看，顺为基金更希望以布局智能家庭的渠道作为入口，以单品爆款作为成长逻辑，实现消费升级，构成物联网的重要组成部分。

从 2015 年开始，智能硬件的发展始终处于低迷状态，业内普遍缺乏创新能力，销量增长缓慢，市场认同度较低，尽管如此，雷军依然乐观，他预言智能硬件和物联网是未来五到十年的发展方向，现在只不过是处于初级阶段而已。

顺为基金投资的智能硬件项目，虽然有些回报率很低，但是背靠小米帝国这棵大树，还是有一部分产品受到消费者的欢迎，而小米的 100 家生态链企业也按部就班地执行相关投资计划。

以雷军目前的生态链布局来看，小米以智能硬件为工具，以智能家居为切入点，以爆款产品为逻辑，全线升级消费状态，为物联网时代的到来做好准备工作，而顺为基金对智能硬件的投资，大部分都在配合这个生态链布局，成为开辟新市场的"第三条手臂"。

虽然小米生态链还没有完全呈现在人们面前，然而顺为基金投资的公司已经成功覆盖了人们在移动互联网时代涉及的全部生活服务领域。随着雷军战略布局的日益清晰，顺为基金也会顺势而为，发挥巨大的作用。

慧眼识珠，救活 UCWEB

世有伯乐，然后有千里马。千里马常有，而伯乐不常有。对天使投资人来说，赌运气是客观存在，但考眼力却是实打实地考验个人能力。雷军在投资业的成功，与他的格局有关，与他的人品有关，更和他的眼力有关。

当很多投资人苦苦寻找潜力股的时候，雷军则和一个名不见经传的小团队发生了联系并改变了它的命运，它就是 UCWEB。

雷军一直关注移动互联网市场，而 UCWEB 正符合他的投资需求。UCWEB 的创始人梁捷和何小鹏毕业于华南理工大学计算机系，在他们进入同一家公司之后，产生了用互联网技术改变世界的念头，开始了坎坷的创业之路。

手机行业最活跃的的时候是 2004 年，当时诺基亚、摩托罗拉等品牌都进入繁荣时代，但是梁捷和何小鹏认为，未来一定是以手机上网为主的新消费市场，所以他们决定开发一款专门用于手机的浏览器。由于当时还处于 2G 上网阶段，手机上的浏览器打开网页缓慢且操作不便，给用户的体验很差，梁捷和何小鹏决定从浏览器入手。

经过几个月的艰苦研发，UCWEB 的第一个公众版本面世。由于采取了服务器端压缩网页的设计理念，能够快速打开网页，让用户免去了漫长等待的烦恼。从技术的角度看，UCWEB 抓住了用户的痛点，切合时代发展的需求，它的成功绝非是偶然的。

UCWEB 的第一个版本市场并不大，主要依靠用户之间的口碑推介，可就是在这种寒酸的推广模式中，上线一个月就拥有了 5000 多个注册用户。2005 年，梁捷等人从丁磊手中借来了 80 万元，正式注册了广州动景公司。

由于资金紧张，维护工作只有三个人去做，剩下的人都投入到项目中。因为交不起房租，梁捷他们经常被房东赶出来，扛着服务器从一个地方转战到另一个地方，俨然一支声东击西的游击队，一年搬了六次家。

由于当时的移动互联网刚刚起步，手机浏览器并没有清晰的盈利模式，梁捷和何小鹏很快就捉襟见肘，连工资都发不出去，只能靠用户数量和好评这些虚拟财富填充他们的腰包，支撑着他们办下去。2006 年，UCWEB 的用户数量攀升到了 200 万，这个数据相当美丽，因为当时中国移动互联网用户的总数也不过 3100 万，智能手机并没有普及。

UCWEB 就像是被资金捆住了腿脚的短跑冠军，心有余而力不足，梁捷与何小鹏马不停蹄地寻找风险投资，认识了时任联想投资副总裁的俞永福。经过几个月的沟通，UCWEB 得到了联想初步的投资意向，然而在决策会上因差了一票未能通过。但是，俞永福个人十分看好 UCWEB 的前景，不想让自己半年多的付出白白浪费，于是找到了他身边的一位"土豪"——雷军。

当时雷军还在忙着金山上市的事情，俞永福向雷军说明了 UCWEB 的情况，雷军被俞永福手舞足蹈的样子打动了，凭直觉认定 UCWEB 是一个被人遗忘的潜力股，于是决心投资，但提了一个条件：俞永福必须加入 UCWEB 团队，帮助梁、何稳住发展方向，俞永福痛快地接受了雷军的提议。最终，雷军和俞永福各拿出 200 万元投到 UCWEB，俞永福成为了团队的 CEO，梁捷和何小鹏负责技术和产品。

这 400 万元不仅解开了捆住 UCWEB 的绳索，还给它扎了一针兴奋剂，UCWEB 进入到快速发展阶段，俞永福的加入也弥补了团队的短板。因为梁捷和何小鹏都是典型的技术人才，不擅长团队经营，这也是 UCWEB 多年来缓慢发展的病根。

自然，雷军在投资之后也为 UCWEB 出谋划策。当时 UCWEB 的个人端业务成长良好，在企业业务领域也获得了不俗的业绩，不过雷军却认为应当放弃企业项目，专做个人市场，尤其是 UCWEB 浏览器的开发，将用户使用情况量化并依靠数据完成科学决策。

雷军的眼光总是比别人多看出一公里，他已经意识到了移动互联网的美好前景，所以投资了当时最大的移动互联网社区乐讯。他认为，在用户基数如此大的中国，手机上网的人数会越来越多，浏览器的作用不言而喻。

在雷军的建议下，UCWEB 用两年的时间将用户数量翻番了 25 倍之多，全球下载量超过 15 亿次，用户数量超过 3 亿，成为腾讯进军移动端的最强对手。另外，雷军还给 UCWEB 带来了 1000 万美元的融资，引入了著名的 VC 机构——晨星创投和策源投资，让 UCWEB 这个当初只有 20 人的小团队增值高达 10 倍以上，而这个飞跃的过程只用了 8 个月。雷军再一次用他的战略眼光换来了真金白银，还赢得了一个能打硬仗的左右手。

2012 年，UCWEB 正式加入万维网联盟，成为国内第一个受邀加入这个国际组织的移动互联网企业，这次加盟将让 UCWEB 成为互联网技术标准的制定者和参与者，也对国内新技术的发展起到推动和导向作用。

在雷军离开金山之后，俞永福多次邀请他加入 UCWEB，因为他相信雷军的能力会给团队带来大跨度的成长。一次，雷军去广州参加多玩网的董事会，回来时俞永福坚持要送他并真诚地对雷军说："做了一年，越做越有信心，觉得您当初说得真没错，UCWEB 确实可能成为下一个 Google。如果您挂帅出任董事长，胜算会更大！"

很快，雷军正式出任 UCWEB 的董事长。2014 年 6 月，阿里巴巴全资收购 UC 优视，业内估值高达 50 亿美元，UCWEB 的身价猛增。

如今，UCWEB 的发展历程已经成为业内的传奇故事，只是回到当初，能够慧眼识珠的人寥寥无几，而雷军就是其中一个。正如何小鹏所说："雷总的投资和帮助，对优视动景的发展是及时雨，促使优视动景真正迈入快速发展阶段。"

助人资金，功德一件，导引正途，善莫大焉。

第五章

雷布斯与
小米科技

"七匹狼"和"一粒米"

　　自古以来，道家崇水，因为水对世间万物有博爱精神却低调而不卑屈，水可以革旧创新，也能洗涤杂尘，更能顺势而为，于点滴间积蓄能量、厚积薄发。由此，后世将"顺势而为"视作道家的思想精华。

　　雷军是一个吃苦耐劳的人，在金山的 16 年里，他如水一样博爱奉献，勤勤恳恳，然而一路走来并没有带给他真正的成就感，或许这是因为他没有真正的顺势而为：他有独立研发的能力，却要屈居人下；他有看好的领域，却仅仅充当投资人。当然，不识庐山真面目，只缘身在此山中。

　　当雷军离开金山之后才看得更加透彻：金山虽然聚集了国内一批顶尖的工程师，却耗尽 8 年的时间才艰难上市，而百度只用了 5 年就完成了从初创到上市的完美升级。

唯有反思，才能让人成长；唯有痛彻，才能认清真相。雷军是一个勤于努力的人，更是一个善于思考的人。

2009 年 12 月 16 日是雷军 40 岁的生日，这天晚上，在燕山酒店对面的咖啡馆里，雷军的朋友们为他举办了一个特别的生日聚会。

参加这次聚会的有李学凌、黎万强、毕胜等人，虽然名为庆生，然而现场气氛却比较奇怪——没有觥筹交错，也没有欢歌笑语，只有围成一圈的高谈阔论。大家聊着聊着，雷军忽然开口说："我原来不成功，今天也不成功，我可以做得更好，但是没达到。在我看来，我是失败的，很多人都说我是成功者，但我感受不到。"

这一番话说得在场的大咖们一愣，气氛也变得沉闷起来。雷军的话既带着几分懊恼的情绪，却也道出一个真相：40 岁已是不惑之年，和那些年轻的创业者相比确实大了些。不过有朋友劝雷军：40 岁才刚刚开始，没什么可怕的。

牢骚发完了，雷军的斗志也点燃了，他决定要追回青年时代的梦想——创办世界一流的公司。正是在这次生日聚会上，雷军悟出了一个道理："人是不能推着石头往山上走的，这样会很累，而且会被山上随时滚落的石头给打下去。要做的是，先爬到山顶，随便踢块石头下去。"后来，雷军将这句话精炼一番，发布在他的微博上："站在风口上，猪也能飞起来。"

"风口和猪"成为了流行好几年的网络名言，但这句话并非雷军信口开河，是他作为天使投资人的经验总结。雷军发现，有很多公司因为选对了方向、领域或是商业模式而获得了快速成长，如同"站在风口上的猪"，这不是撞大运，而是借助时代的推力赢得了逆袭。

决心有了，理论有了，在互联网的黄金时代逐渐远去之际，进军哪个领域才能"飞起来"呢？在探索业务方向的问题上，雷军的一个小爱好成为了指路明灯——手机。

手机对雷军来说绝不是简单的通信工具，而是一个集合了人类智慧的科技武器。雷军的第一部手机是在金山工作时购买的，当时价格不菲，雷军一接触到它就被迷住了，一有闲暇时间就琢磨手机。后来，每当市面上有新机型问世时，雷军都会买回来研究。在金山工作的 16 年里，雷军先后购买了 53 部手机，平均一年换三四部，他自己也承认对手机的痴迷远远超过了计算机。

2007 年，乔布斯推出了跨时代的科技产品——iPhone，不仅重新定义了手机，给市场、消费者乃至全行业打开了一个新世界的入口，乔布斯也由此成为了亿万人顶礼膜拜的"乔帮主"。随着 iPhone 的诞生，功能机时代的霸主诺基亚、摩托罗拉等王者也先后走下神坛，这意味着群雄割据的智能机时代即将来临。

雷军原本就是乔布斯的忠实粉丝，在 iPhone 上市后他一共买了 20 多部，除了自己使用之外还送给了很多亲友。在他心中，iPhone 是最完美的科技作品。不过，随着使用时间的增长，雷军也发现了 iPhone 的一些不足之处：不能转发短信、信号不稳定、待机时间短……这些槽点让雷军充满了遗憾，他在思考是否可以消除这些短板，将互联网、软件和硬件三大要素整合在手机中，造出惊世之作。

或许从这一刻开始，雷军已经敲定了创业的方向，而且他身边的人也读懂了他的意图。有一次，李学凌对雷军说："我觉得你一定要下这个决心，做一部手机。你看看，现在乐讯、UCWEB 和多看等项目，都集成了移动互联网社区、内容、应用等各个层面的产品，而最终能集成这些产品之大成和优势的，只有一部被重新塑造的智能手机。我觉得你现在该下手了！"

企业的成功靠团队，而不是靠个人。创业者可以一穷二白，但不能没有队伍，有了人才有了生产力，才能用生产力去换钱，而光有钱未必能买来一支好队伍。当雷军决心进军手机行业之后，他开始招兵买马，打造一支追随他、成就他的"梦之队"。冥冥之中，有 6 个人成为了他的左膀右臂：林斌、黄吉江、洪锋、刘德、黎万强、周光平。

林斌是谷歌中国工程院的副院长，他和雷军在 2008 年相识，两人是一见如故，雷军经常和他彻夜长谈。后来，林斌告诉雷军，他想做一个互联网音乐项目，雷军觉得这种项目不值得耗费精力，可以投资让别人去做，不如跟他合伙干更大的买卖，于是，林斌懵懵懂懂地成为了小米团队的第二个核心成员。不久，林斌又将好友黄吉江介绍给了雷军。

黄吉江是香港人，在不到三十岁时就成为了微软工程院首席工程师，当时正在考虑创业还是去微软工作。一天，雷军、林斌和黄江吉三个人在北京的翠宫饭店里谈了四个多小时，从手机聊到电脑又聊到了 iPad 和电子书，最后，黄江吉离开时对雷军和林斌说："我先走了，反正你们要做的事情，算上我一份！"这样，小米团队的第三个人选落定了。

雷军拉上的第四名成员是洪锋，他是谷歌的高级工程师，小学时就能编写程序，后来去谷歌工作，利用业余时间与人合作做出了谷歌 3D 街景的原型。洪锋气场很强，颇有些霸道总裁的味道，雷军和他第一次见面时，洪锋像个面试官似的问了他一百个问题，等到雷军对答如流之后，洪锋点头表示通过，不过不是他招聘雷军，而是被雷军拉着去做手机。

刘德是雷军拉上"贼船"的第五个人，他毕业于顶级设计院校 Art Center，身价高到雷军认为自己请不起，所以起初就没有拉他入伙的想法。然而机缘凑巧，洪锋的夫人和刘德的夫人关系很好，于是帮助雷军和刘德牵线搭桥。2010 年，刘德到北京出差，在银谷中心大厦见到了雷军、林斌和黄江吉，他们从下午一直长谈到深夜，雷军诚恳地邀请刘德入伙，可刘德并不清楚自己能给小米带来什么。在他回美国之后，又认真考虑了一段时间，最后答应了雷军。

黎万强曾经是金山词霸的总经理，和雷军多年共事，两人私交不错。2009 年，黎万强从金山辞职以后，信心满满地告诉雷军，他要去做商业摄影，雷军直接绕开这个话题，试探地问他："我这里也有一个方向，你要不要跟我一起干？"黎万强想都没想就答应了，这让雷军十分震惊："你知道我要干吗？就这么答应了。"

黎万强说："知道，不就是手机吗？"

在雷军"集齐"了五员大将之后，可以说各路人才都有了，唯独缺少一个硬件专家。雷军用了三个月的时间去寻找这个催化剂式的队友，前后约见了 100 多个做硬件的专家，可没有一个谈得来的，就在雷军几乎绝望之际，林斌向他推荐了周光平。

周光平当时 55 岁，按照雷军当时的想法已经被 Pass 掉了——年龄太大。可俗话说"人怕见面"，雷军和周光平十分投缘，你一言我一语，从互联网现状谈到硬件设计再谈到用户体验……足足聊了十二个小时，连吃饭的时间都抽不出来，最后叫了外卖充饥。周光平十分感慨地说："如果小米手机做不成，我这辈子再也不会做手机了，不为别的，是真做不动了。"

周光平将小米手机当成一生中最后要做的大事，而雷军也表示，小米是他不能输的一件事，他无数次想过会怎么输，而一旦真的输了，他这一生就彻底踏实了。

至此，雷军的"七匹狼战队"组建完毕，堪称一支阵容豪华的创业队伍。两年后，雷军收购了创业公司多看，创始人王川成为了第八个联合创始人，这是后话。

2010 年 4 月 6 日，在北京海淀保福寺桥边的一家小公司里，诞生了北京小米科技有限责任公司，包括前台在内一共有 14 个人。当天早上 5 点，黎万强的父亲起床煮了一锅热气腾腾的小米粥送到了公司，雷军和其他六个核心成员一起喝了粥，准备开干了！

之所以起名叫"小米"，是雷军从一句佛偈中诞生的灵感："佛观一粒米，大如须弥山。"这句话的意思是：只有积累了力量和辛苦才能成就一粒米，而功德则会超过一座须弥山。雷军希望小米科技也能成长为移动互联网浪潮中的一粒米，顺应时代的发展需要。另外，米的拼音是 MI，拆分开就是"Mobile Internet"，是移动互联网的意思，还能解释为"mission impossible"，意为小米要完成看似不可能完成的任务。另外，"小米"这个名字亲切可爱，朗朗上口，易于被社会大众接受。而且，小米的 logo 也是精心设计的，正面是"MI"，反转过来就是少了一点的"心"字，意思是让用户省心。

由于雷军喜欢结交朋友，为人义气，他身边聚集了很多行业精英。当他开始为小米组建团队时，很多人都愿意为他效劳，很快从 14 个人发展到了 50 多个人。

小米科技成立之后，雷军并不急于发起进攻，而是先侦察敌情、构筑阵地，将工作重心放在品牌塑造和粉丝培育上。2010 年 8 月，小米推出了高开放性的 MIUI 操作系统，在短短的一年就吸引了来自全球 50 多万手机发烧友，MIUI 论坛活跃用户超过 30 万，还被一些国外的粉丝改造为当地的语言。

从操作系统入手，这是雷军棋高一着的表现：如果直接从硬件切入，等于用自己的短板去和对手的钢板硬碰硬，而以软件为跳板，就是近距离地接触用户，有了受众基础，还愁手机卖不出去吗？

MIUI 诞生一周年时，雷军带着小米手机出现在公众面前，华丽的外表配合低廉的价格，让不少消费者为之心动，而通过 MIUI 和米聊培植起的米粉们更是为这款手机摇旗呐喊。

后来，雷军在接受《创业家》杂志采访时说："乔布斯有一天也会死，所以我们还有机会。我们生存的意义就是等待着他挂掉。当然，一方面我们衷心希望他万寿无疆，另外一方面，我们不希望他太强的光芒使这个世界黯然失色，我们希望这是个五彩斑斓的世界。然而，这个世界没有神，因为新一代的神正在塑造。"

　　雷军的话并无恶意，却不想一语成谶。两个月之后，乔布斯去世。手机行业正如雷军所说，进入到一个群雄并起的时代，而这恰好给了小米一试高下的机会。

平稳过渡，别死在磨合期

小米成立的时候，启动资金是 3000 万人民币，这笔钱多不多？

平心而论，3000 万如果投资一个小项目绰绰有余，可雷军要做的是手机，就算是 3000 万美元也不多，今天的很多创业公司的 A 轮融资都动辄千万，这么一比雷军倒有些"寒酸"了。所以，林斌曾经向雷军提出一个尖锐的问题：做手机需要雄厚的资金，这笔钱从何而来？

从个人财富的角度看，雷军不折不扣是一个土豪，但是自己做企业，单靠创始人自己的银子是远远不够的，除非你不想把它养大。而且，这也不符合基本的商业法则：钱都让你一个人投了，别人只能当精神股东吗？

一个从微软来的工程师对雷军说："我在微软干了 6 年，攒了五六十万，买不起房子，也不想买车，炒股票嫌麻烦，我天天在小米干，我对小米有信心，我能不能投资小米呀？"一席话点醒了梦中人，雷军意识到自己不再只是一个天使投资人，还是一个创业者，融资是不可回避的选择。

当然，小米可以走两条融资通道，一个是自己投资然后再慢慢融资，另一个就是让创业团队和员工投资。雷军认为第二条路比较可靠，这样就不会把小米变成"个体户"，剥夺大家的创业热情。

小米在 A 轮融资之后，包括雷军在内一共有七十多个人参与了投资，合计 1100 万美元。不得不说，小米的早期团队成员主人翁意识很强，他们不愿意只当一个打工者，而是要为自己奋斗，也正是这一批人，撑起了初创时期的各项重任。

资金有了，创业团队有了，MIUI 的铺垫也有了，接下来就是真刀真枪地做手机了。可是怎么做也是一门学问：是自己建厂甩生产线还是找人代工？雷军考虑再三，决定走和乔布斯相同的路线——轻资产运营。

程序员的思维都是谨慎的，雷军了解自己的长处和短板，开厂只能是作死，不如将产品配件的生产任务外包，将主要精力放在设计开发和市场推广方面，这样也能节约资金，提高资本回报率。

虽然条条大路通罗马，可只要是路就难免遇到沟沟坎坎，小米的代工之路开始走得并不顺利。按照业内规矩，手机供货方都希望合作对象量产，才愿意大量地供货，但这对小米来说可是一着险棋——会增加库存风险。

对此，雷军慎之又慎，他必须要摸准市场的需求量才能确定出货量，可是这个算盘一打，供货商也就失去了耐心，对小米这个初出茅庐的小学生多少带了几分鄙视。毕竟，手机中的很多元器件是定制的，需要供货方自主研发，加上和小米是第一次合作，谁愿意将风险转嫁到自己身上呢？

为了争取供货商的信任，周光平联络了很多厂家，效果却不理想。雷军在回忆这段经历时说："小米提交了很多报告，这些报告从中国区报到亚太区，亚太区报到美国总部，最后告诉我不做……我初期对供应商恨得牙根痒痒，后来开始理解供应商的难处，从理念方面开始有所改变。"

当时的小米一没有知名度，二没有工厂，三没有销售记录，是不折不扣的"三无"品牌，想要说服供应商难上加难。而且，供应商们对老客户都很忠诚，不愿意随便和新客户建立合作关系。结果，全球 100 强的供应商中有 85 家对小米说了"NO"。雷军心急如焚，只好一家一家地去拜访，让供货商了解小米科技，此情此景，和任正非当年上门推销交换机十分相像。

小米的其他高管也放下手头的工作，开启了"毛遂自荐"模式：林斌抽出大部分时间去攻克供应商，刘德在完成设计图纸之后也参与谈判……"七匹狼"战队几乎倾巢出动，凭借锲而不舍的努力，雷军终于为小米找到了三星、夏普、德赛这样的顶级供货商。

找到强大的盟友并不算胜利，雷军还要面对产品检测的考验，为了提高良品率，雷军让小米手机经过严格的测试才能出厂：高低温测试、粉尘测试、抗摔测试……可以说，每一部手机都经历了九九八十一难，产品质量有了明显的保障。

2011 年 8 月 16 日，小米召开了手机发布会，雷军根据当时国产手机销售的规律，给小米定了 30 万部的销售目标，所以在两个星期之内仅仅准备了 10 万部手机。平心而论，雷军定的目标还算合理，毕竟小米是一个初创品牌。

然而，雷军的这次估算"严重失误"：小米的火爆程度超过了他的预想，库存全部售罄，抢购到手机的米粉欣喜若狂，没有抢到的米粉嚷嚷着补货……然而雷军来不及摆庆功宴，他开始担心小米的产能：小米的上百个零件来自于不同的供货商，缺一个配件就无法组装，想按时出货必须协调好整条供应链的关系。

当时小米的代工厂只有英华达一家，由于是第一次合作，需要经过一个磨合阶段，其他的供应商也面临这种情况，然而小米的预订量却要求厂家要以最快的速度量产，这给双方都造成了压力。更棘手的问题是：大部分供应商要求提前三个月订货，这就加剧了产能和供货的矛盾，雷军只好将小米发售的时间和预订时间改成了一个半月，然而更多的问题接踵而至。

在正式发售前，雷军已经给了发烧友们一批工程样机测试，并没有发现什么问题，可是在生产时还是出状况了：工程样机采用的是三星的芯片，量产的机器是三星在台湾的工厂生产的，技术水平差一截，结果出现了虚焊，手机变成了"板砖"，雷军耗费近一个月的时间处理这个问题。

祸不单行，手机的后盖也出事了：小米起初采用的是斜面扣设计，对精确度要求很高，可是在生产之后才发现一部分手机后盖不紧，雷军实在没有时间去修正这个问题，只好撤掉了原来的设计……诸如此类的小问题不断发生，雷军承受着巨大压力。

就在雷军一筹莫展之际，一个懂行的人告诉他：手机生产只要过了10 万部的关口就会顺利很多，因为整条供应链磨合得差不多了。

雷军在重压之下苦苦支撑了几个月，这比当初开发盘古组件承受的压力要大得多。果不其然，当小米售出 10 万部以后，问题越来越少，他这才松了一口气。

生产环节需要磨合，销售环节同样如此。当时，小米一个星期要发售 10 万部手机，意味着一天要发出一万五千张订单，虽然小米有好几家合作的快递服务商，不过有些工作还需要员工自己完成，仅打印订单和装货就让不到 400 人的公司忙得焦头烂额。随着订单的增多，小米的渠道管理和售后管理同样面临压力，雷军都要亲自过问，生怕因为一个环节的失误葬送了小米的前途。

几经碰撞和摸索，小米终于走上了正轨，不过雷军承受的压力并未减轻。随着市场份额的逐步提高，雷军开始筹划着如何让一部智能手机成为移动互联网时代的"信息枢纽"。小米是雷军梦想的载体，他并未忘记打造世界一流企业的初心。

供应链饥饿的真相

一个农庄的庄园主总是将喂牛的草料放到一间小茅屋的屋檐上，很多人看了之后感到不解，就问庄园主为何不将草料直接放在地上。庄园主笑了笑说："如果将草料放在地上，牛反而没有太大兴趣去吃，如果放在勉强可以碰到的屋檐上，它会被激发起兴趣和食欲，最后将所有草料吃光。"

这是一个很典型的饥饿营销的故事。

2011年9月5日，小米开放网上订购模式，12月18日面向普通用户销售并设定了每人两部手机的上限，结果三个小时就宣告10万部库存售罄，成为了一部分米粉心中的痛。然而"悲剧"并没有停住脚步，在2012年1月4日重新上演。这一次，没有抢到的米粉们开始了"哥德巴赫猜想"：为何只卖 10 万部手机而不是 20 万部、30 万部呢？

当公众对某个现象产生疑虑时，就会有一些"福尔摩斯"为人们答疑解惑，他们对小米"供不应求"的解释是：饥饿营销。

饥饿营销并非民间俗语，而是一个专业的销售名词：依靠调节供求两端的数量去决定终端的售价，从而达到加价的目的。从操作难度来看，市场上卖馒头的大妈也能灵活运用"饥饿营销"——价格低、味道好、量不足。不过，这并不能说明饥饿营销是烂大街的手段，它也有自己的价格逻辑，一旦玩大了就砸了。

而且，饥饿营销的终极目的不是为了把馒头卖光，而是给馒头贴上品牌的附加值，吸引大家都过来抢购，牌子响了，馒头就可以卖出肉包子的价格。

当然，"饥饿营销"好用不好听，网络上甚至将其称为"耍猴"，但是从营销学的角度看，"饥饿营销"的理论内涵是从孟子的"君子引而不发，越如也"的基础上升级而来的，用白话文解释就是"做出跃跃欲试的样子，以便让别人观察和体会"。既然圣人都认同这一理念，商人更有理由进行实践。那么问题来了，雷军是否真的在玩饥饿营销呢？

客观地说，雷军选择饥饿营销是一种无奈，主要体现在四个方面。

第一是产能不足。

雷军解释过，只要是畅销的消费电子产品，销售初期都会存在不同程度的产能不足。比如小米一代手机，售价 1999 元，配置不低，利润空间据说只有几十块，这样的定位很难从供应商手中以低价拿货，好比你卖馒头没有面粉，为了低价进货就得排在大客户后面。由于电子产品在上市初期因为产量问题价格偏高，所以供货商自然会优先卖给出价高的人。小米和这一方势力关系不熟，又不可能开高价，只能默默等待价格的自然下降，这样一来，买馒头的顾客就得排起了长队，好容易蒸出一屉，也得限量出售。

第二是成本控制。

饥饿营销也是成本控制的一种手段，而成本控制也绝非盲目地节约原材料和质量，不能用沙子掺进面粉里做馒头，而是在发酵时掌握好时间，合理加水，烧最少的柴火。

目前中国的手机厂商，基本朝着两个方向发展：一个是走高端路线，另一个是走大众路线。小米的独到之处在于，通过适度的产额和中等的价格进入手机市场，也就是价格定位为低中档，性能也不落后，确保赚吆喝的同时还有利润，这也是雷军借助饥饿营销对小米产量和成本的调控。但是，有人曲解了这种调控手段，认为雷军蒸好了几筐馒头却囤积起来，让顾客闻着香味排队。

其实雷军也很委屈，他多次表示，自己不可能有货不卖，因为小米是新生品牌，无法和苹果相比。苹果已经建立了规模化优势，能够从供应商中拿到最低价格且掌握着谈判主动权，而利润也能达到70%上下，即便去掉广告、人工、软件开发等成本，收益依然很高。相比之下，身为互联网品牌的小米只能以低利润控制成本，保存品牌价值。

第三是品牌塑造。

很多手机品牌两三个月就开发出一款旗舰机，却因为没有摸清市场的变化方向，导致产品上市后关注度不高，好比蒸了一锅软面馒头，顾客想要的却是硬面馒头，那么如何协调这种矛盾呢？那就是在蒸第一锅馒头时，打听好顾客最想吃的是什么馒头。像小米这种新生品牌，犯错误的成本太高，雷军需要时间进一步了解市场，不断修正小米的产品定位。

第四是用户体验。

以小米 2 为例，它的工程机都要通过 600 多个用户内测并耗时一个月调查意见反馈，然后再对硬件和系统进行改正，小米既然要对标苹果，那必然要在用户体验上紧随其后，要拿出时间让一部分顾客试吃新做法蒸出的馒头，既能够保持用户的关注度，还能缓解产能不足的尴尬。

归根结底，饥饿营销只是权宜之计，雷军并没有玩上瘾。随着小米产业链的完善和品牌效应的积累，产能不足也得到了一定程度的缓解，饥饿营销也很少再使用。但是，小米终究不具备硬件制造能力，在供应链条中也没有掌控绝对的话语权，因此"饥饿营销"还不能说被完全弃用，依然是市场推广的补充手段。当然，随着行业的发展，在竞争对手的挤压之下，饥饿营销的负作用只会越来越明显，这一点雷军也再清楚不过了。

虽然饥饿营销从操作角度看，没什么技术含量，可是要想用得成功、用得长远，需要市场竞争状态、产品的替代性和消费者的成熟度三个因素共同发挥作用，也就是要在市场竞争不激烈、产品不可替代、消费者心态不成熟的前提下才有发挥空间。

如果满大街都是卖馒头的，你敢让顾客多等一分钟吗？如果你的摊位附近围着一圈卖葱油饼的，你敢保证顾客不会弃你而去吗？如果你的顾客都是持家多年的老主妇，你还敢耍心眼吗？

总而言之，小米因受制产能和成本等客观因素而被迫选择了饥饿营销，又因为时代背景和粉丝需求有了实施的土壤和投放的对象。

当我们理清思路之后会发现：不是小米选择了饥饿营销，而是饥饿营销选择了小米。

对抗魅族，对标苹果

所有杀不死你的对手，最终都会让你变得更强。没有张继科的激励就不会有乒坛高手马龙，没有李宗伟的挑战也不会有林丹的羽毛球冠军……当一个人决心向对手"复仇"时，对手就能帮助他成长，这就是人生竞技的规则。

小米曾经有一个形影相随的竞争对手——魅族。当时，在国产智能手机品牌中，小米和魅族都是极具发展潜力的公司，他们的争斗也成为媒体和用户关注的热点，双方总是像约好了似的同一时间召开新品发布会，也都依靠粉丝效应做营销，不过生存模式略有不同：小米依靠互联网营销和价格优势；魅族则依靠研发和口碑积累循序渐进地发展。

从两家掌门人的履历来看，"差异化"非常明显，魅族 CEO 黄章高一就辍学了，做过厨师、码头搬运工，后来涉足电子行业，魅族最早的主业是 MP3，造型漂亮音质完美，俘获了一大批用户的芳心。黄章经常将"工匠精神"挂在嘴边，也常混迹于论坛做线上推广，基本上没掏过广告费，有钱也是直接砸在用户身上，比如免费赠送用户耳机海绵套等。智能机诞生后，无情地瓜分了 MP3 的市场，黄章立即转型做手机，2009 年推出了魅族 M8，从上到下都透着偏执狂的气质——细节完美，设计精湛。

公平地讲，小米和魅族都是国产品牌手机的开拓者和互联网手机的先行者，而雷军和黄章也一度成为"相爱相杀"的典型代表。

2008 年，黄章和雷军第一次见面，当时雷军是为了做手机市场调研，魅族的独特气质吸引了他，而他对黄章也大为赞赏，两人一见如故，聊设计，聊电池，聊论坛，聊粉丝……关系相当密切。雷军还给黄章介绍了很多人脉资源，黄章则将雷军看成是知心好友。不过，这段蜜月期维系了三个月之后就结束了，起因就是小米突然发布了 MIUI 操作系统。

黄章认为，MIUI 吸收了 UC 的创意，他还在魅族的互动社区发表了一段话，声称雷军"剽窃"了魅族 M9 的资料，并指责 MIUI 伪装成"民间团队"，禁止网友在论坛讨论有关 MIUI 的话题，最后又放出一句气话："如果不是我曾经教他，他懂个屁做手机！"至此，黄章和雷军关系破裂。

黄章在微博里自称是小米的老师，将小米当成了竞争对手。红米上市后，黄章在魅族官方论坛上炮轰小米，称小米为成功不择手段。小米和魅族的恩怨公开化，粉丝们震动了，媒体们兴奋了。

小米手机的问世，成为了媒体报道的热点和用户关注的品牌，也遭到了一些同行的打压。处在风口浪尖上的雷军说："我们小米不惹事，但绝对不怕事。"后来，当红米手机降价到 699 元时，屏幕上写着"血战到底"四个字，让人不免有些震撼。

没过多久，小米又将 2S 骤降 400 元并开放购买。与此同时，黄章也不服软，魅族 MX2 宣布降价 100 元。用现在的网络流行语，黄章对雷军来说好似一个"杠精"。

其实，面对小米的价格战，魅族有些玩不转了，曾经被文艺青年热捧，曾经以高品质自诩，如今有了小米的"搅局"却渐渐陷于被动。幸好魅族还有一批死忠粉——"煤油"，他们护主心切，在线上对小米进行了声讨，甚至出现了这种声音："跟谁打价格战也别跟专搞颠覆的小米打。"

小米和魅族虽然竞争激烈，却也有很多相似之处：同样重视产品发布会，都减少中间环节，都推崇轻资产经营，都重视粉丝的培养……但是，小米有超过魅族之处：更重视论坛建设，能够借用粉丝之力完善小米的产品，而 MIUI 本身也是一个深度优化的 Android 系统，更能贴近用户的需求，在发售工程机方面也更加积极主动。

而且，小米拥有更强的宣传能力和营销能力，占据了强大的性价比优势以及 MIUI 的独特体验，让米粉们不会刻意去挑剔小米手机的外观，二者之间的竞争也从价格领域延伸到了设计、品牌内力、售后服务等方面，而魅族不得不正视现实：在活学活用互联网思维的层面上，雷军显然技高一筹。

今天的魅族虽然背靠阿里帝国，可是当年的"逼格"已经随风逝去，黄章和他的魅族也成为了"起个大早赶个晚集"的典型案例。如果非要说雷军的某些心得是学习了黄章，那么近几年小米的爆发也给黄章上了一课：不谋求变革，不勇于破局，不痛定思痛，只靠工匠精神也只能停留在"匠人"一级，终究无法成为"大师"。

魅族和小米之间的竞争关系印证了《硅谷传奇》中乔布斯说过的那句话："巧匠临摹，巨匠偷窃。"小米是一个"能工巧匠"，在借鉴的同时发挥创新思维，更容易捕获用户的心，因此在竞争中占据了上风。

如果说魅族是小米的对手，那么苹果则是小米的榜样。雷军曾说："我觉得乔布斯对我的影响可能超出了大家的想象……18 岁时我就梦想有朝一日也能像乔布斯一样办一家世界一流的企业。大家今天看乔布斯，可能也很疯狂，其实 80 年代大家对乔布斯的崇拜不亚于今天。"

雷军一直梦想着像乔布斯那样改变世界，然而他并不想活在乔布斯的阴影之下。在小米诞生后，业界流传着一种说法：小米正在复制苹果。其实，这是雷军最不愿听到的话。不过，在 2011 年的小米手机发布会上，雷军的着装和手势甚至演讲风格，都能看到乔布斯的影子，因此得了"雷布斯"的雅号，但这只是雷军向偶像致敬罢了。

事实上，雷军走了和乔布斯完全不同的道路。雷军没有将小米当成是改变世界的工具，它只是一部整合互联网应用和价值观的智能手机。从国情来看，中国没有形成中产阶级，不具备苹果生存的环境，雷军必须关注大多数人，不能像乔布斯那样天马行空。

雷军努力学习苹果，但他从未奢望小米能成为中国版的苹果，因为他比任何人都更加敬重乔布斯，他深知苹果的极简设计是难以达到的境界，他只能以苹果为学习的目标。为此，雷军对苹果和小米进行了深度的对比，发现了五个方面的差异。

第一，性价比。当时苹果手机的成本只有180美元，售价达到六七百美元，相当于成本的三四倍，而小米只能卖到240美元，还要除去给运营商的补贴。如果将小米和苹果放置在完全相同的市场环境中，小米的性价比优势将十分明显。

第二，速度。苹果带给用户最大的快感就是体验而非运行速度。不过在iPhone 4S的广告中，最显眼的关键词依然是"dual core 1G"，可见苹果也同样注重速度。因此雷军认为，用户还是需要速度快的手机，所以小米一定要在处理器上加分。

第三，设计。苹果采用的极简主义，这在欧美社会一度被人追捧，甚至演变为一种生活方式。对此雷军有不同看法：极简主义并非是用户真实的需求，未来的手机一定会走向个性化，有人极简，有人炫酷，正确的方法是用互联网思维去改造手机。

第四，模式。小米和苹果最大的区别是：小米是由互联网造就的，苹果是因为简约设计和人性操作赢得用户之心。对比二者可以发现：小米更倾向于解决用户的个性化需求，比如MIUI系统能够因人而变，提供给用户更多的功能、外观和操作模式。因此，雷军说小米更像亚马逊，也跟谷歌有异曲同工之妙。

第五，定位。苹果的定位主要集中在这几类人群：创新者、早期接受者、早期的追随者、晚期的追随者、滞后者，随着iPod的走俏凸显了苹果的品牌效应，而小米主要定位在年轻一族、追赶时尚的人群。

苹果虽然在业内代表着高大上，但也依然埋藏着隐患。

首先，苹果只专注于高端市场，受众人群有限，势必要与同类品牌争夺宝贵的资源——客户资源、渠道资源以及媒介资源等，在失去乔帮主掌舵的情况下可谓"仕途不顺"。

其次，高端路线的回旋余地不大，在库克接手苹果后就曾经传出苹果也做低端机的消息，如果苹果真的瞄准了中低端市场，会让多年积累的品牌溢价遭到冲击，因为苹果不像三星那样很早就在高中低市场全线发力，一旦苹果也出现了千元机，受伤最大的可能就是果粉了。

最后，高端路线和互联网思维绑定不深，因为互联网是一种大众娱乐的交互模式，当苹果被推到神坛之上时，再去借助论坛效应、新品抢购、粉丝对战等方式就显得力不从心了。

以优秀的产品为模仿目标并从中借鉴，这是正确且常见的商业思维，那种缺少加工环节、只知一味模仿者才是真正的抄袭。大名鼎鼎的沃尔玛，也曾经从竞争对手那里学到了金属货架和自助销售，但没有人指责它是抄袭，相反，沃尔玛以"向竞争对手学习"为荣。

用今天的观念来看，模仿和借鉴是分享时代的特征之一，只有在竞争中学习才能形成自己的优势，而竞争对手就是企业的镜子。随着时间的推移，小米已经越来越像小米自己，正在褪去苹果的影子。用雷军的话说："小米不要做中国的苹果，而是要做世界的小米。"

米聊和微信之争

1998 年，雷军已经是金山的总经理，在圈内名气响亮，找他办事的人也很多。一天，一个年轻人找到他想获得投资，可是因为雷军太忙，等了很久两个人才见了面，最后也没有达成合作。后来，这个年轻人发迹了，他再次和雷军见面时提到了那段往事，雷军开着玩笑地说："以我当年忙碌的状态，能见你一面就已经很给面子了。"

这个年轻人叫马化腾，靠即时通信飞黄腾达。

在亚洲，即时通信可以说是发展速度最快的应用软件，中国的微信、日本的 Line、韩国的 Kakao……它们在不同的文化背景下重新定义了移动互联网。对很多用户来说，即时通信变成了集合更多企业和服务的入口，展现出强大的市场影响力和商业想象力。

小米的主业是手机，但雷军的终极目标是整个世界，手机只是接触和征服这个世界的载体，雷军要利用手机去挖掘用户的潜在需求，充当连接互联网的入口。不过，在这场争夺入口的战斗中，小米遭到了一个强大对手的阻击——腾讯。

腾讯在很多网民口中名声并不好，尽管人们都在用着它的软件，但是一提到企鹅帝国，马上就会想起两个字——模仿。在腾讯和小米的这场战役中，有人认为微信抄袭了米聊，那么事实究竟怎样呢？

雷军率领团队开发 MIUI 系统时，吸引了最早的一批忠实用户，其中有一项重要的战略部署就是米聊，它被雷军看成是一个阿基米德式的支点，用来撬动整个用户市场，这也是受到了国外一款软件的启发。当时，有一款名为 KIK 的基于手机通信录的社交软件火遍了美国，雷军由此获得了灵感，认为它能在移动互联网时代发挥巨大作用。

KIK 是一款基于手机通信录的社交软件，不但能够在本地通信录上直接建立和联系人的连接，还能进行免费短信聊天，从功能上看其实很朴素甚至有些简陋——不能发送照片和附件等。2010 年 10 月 19 日，KIK 正式登陆苹果商店和安卓商店，仅用了 15 天就迅速吸引了 100 万名用户。

KIK 给了雷军灵感，他发现，如果基于手机为平台开发出一种全新的即时通信软件，必定会有巨大的增长潜力。雷军是一个有想法就马上行动的人，米聊在 2010 年 12 月快速降生，先是扎根于 Android 平台，随后又生根在 iOS 平台。如果没有遭遇意外，米聊势必会按照雷军为它描画的蓝图茁壮发展，可就在这时，腾讯出手了。说到这里，不能不提一个人，那就是"微信之父"张小龙。

张小龙和雷军并不陌生，他毕业于武汉的华中科技大学，和雷军在同一个城市读书。毕业后和雷军一样进了国家单位，同样因为受不了体制的束缚辞职，后来开发了邮件收发软件 foxmail，成为对标 outlook 的有力对手。1998 年，已经是金山总经理的雷军打电话给张小龙谈收购 foxmail 的事，张小龙当时对 foxmail 没了兴趣，随便报出个 15 万的价码，结果雷军一听反而没放在心上，忙着其他事情最后忘记了。后来，张小龙被腾讯收到旗下，将 QQ 邮箱做得有声有色。

米聊的不幸在于，张小龙几乎和雷军在同一时刻关注了 KIK，当他得知这个软件火遍全美之后，立即给马化腾发了邮件，建议由他的广州团队做一个类 KIK 产品，马化腾当即批准。2010 年 11 月 20 日，腾讯的类 KIK 产品正式立项，比雷军的米聊要晚一个月左右，而张小龙的团队阵容也并不豪华，一共 10 个人，其中还有两个刚入职的毕业生，就是这么一支非嫡系的队伍，用了不到七十天完成了第一代研发。

当然，雷军也不是吃干饭的，他早就想到腾讯会开发出同类产品，所以动用关系打起了情报战，对腾讯内部的 3 个开发团队进行了关注，其中一个被雷军忽略了，那就是张小龙的团队。2011 年 1 月 21 日，微信华丽上线，米聊开启了"噩梦模式"。

家大业大的腾讯，最不怕跟对手拼用户基础，势单力薄的米聊很快被微信反超。在微信的挑战之下，2011 年 4 月，米聊推出了语音对讲功能，然而腾讯立即跟进，让米聊毫无优势可言。仅仅一年的时间，微信的用户数量就达到了 1 亿，而米聊的用户只停留在千万上下。与此同时，微信逐渐在一些功能上超越米聊，比如2.0版本开始添加了"查找附近的人"以及"摇一摇"等功能，成为战胜米聊的转折点，用张小龙的话说："这个功能彻底扭转了战局。"

在和微信的角逐中，雷军的团队表现出很强的战斗力。从表面上看，微信和米聊的功能接近，然而两个软件的易用性有很大不同。米聊设计了突出的功能键，只要一次点击就能使用，在信息状态的细节上处理很小心，能够显示对方的输入状态、即时信息发送后的状态等，而当时的微信还没有设计这些功能。在语音信息处理方面，米聊能够清晰地显示信息时长和播放状态，还能对图片进行手写涂鸦的处理。在用户显示界面上，米聊外观大方、简洁。综合来看，米聊确实研究了用户的使用习惯和潜在需求，针对每一项内容都进行了优化。

可惜的是，米聊在设计上的精耕细作并不能把用户拉进去多少，回想当年 MSN 被 QQ 干掉，并非是软件功能输给了对方，而是用户基数和普及率。米聊也是如此，纵然雷军下了狠心要打对攻战，可是硬件配备跟不上，用户一多服务器必定宕机，最严重的时候一天连续 5 次，哪个用户还能愿意忍受？有的地区甚至出现了集体掉线的惨状，米聊成了"没聊"。

先天不足外加后天乏力，让雷军不得不面对现实，改变了构建米聊的初衷：从面向所有移动互联网用户到细化为发烧友的专门软件。后来，他感慨地说过一段话："当初做米聊就是与腾讯赌时间差。做米聊曾有设想，如果腾讯一年后才有所反应，米聊胜率是 50%，如果腾讯两三个月就有反应，米聊应该 100% 会死掉。"

如今微信的用户数量将近 10 亿，当之无愧地成为国内第一的社交软件，而米聊只能算是勉强活着，甚至是活在了某些人的记忆里。不过，正是通过和腾讯的正面交锋，逼迫雷军开始苦练内功，不断纠正小米的错误路线，但是有关米聊的遗憾却永远无法挽回了。

客观地讲，米聊败给微信也有自身的原因，它的整体设计思路走的还是传统的 IM 路线，也就是"通信 + 社交"的产品思维，这种模式在 2010 年前后已经显得不讨人喜欢，比如之前的网易泡泡、新浪收购的朗玛 UC 都是输在了这个设计思路上。米聊没有在产品设计上与时俱进，也是被用户抛弃的一个重要原因。相对的，微信的每一个变化都尽可能地贴近用户需求，毕竟腾讯在即时通信领域玩转了多年。

虽然米聊落败，不过雷军还是在市场的夹缝中找到了生存空间——和通信录紧密相连，打造一个数据库并弱化在线的概念。比如，米聊能够从网络社区导入个人资料和好友关系，还增加了好友推送功能，形成闭环流程。雷军还通过实践发现，用户对通信软件的需求更多地偏重娱乐，为此米聊也进行了重新定位：通过手机通信录建立米聊 ID，围绕这个 ID 植入更多的社交产品并进行绑定。

从数据上看，完善后的米聊依然被微信甩出几条街，但是对一个初创的互联网公司来说，能够在意识层面比肩企鹅帝国实属不易。对雷军来说，米聊虽败犹荣，因为它验证了以手机为互联网入口的猜想是符合时代发展潮流的——对手都在全力争夺，方向会有错吗？

工匠技艺打不过互联网思维

我们常用"见什么人说什么话"形容一个人情商高。同样，"活在什么时代用什么思维"是智商高的表现。在互联网时代，"互联网思维"成了很多创业者的座右铭。那么，它的含义是什么？简单说，"互联网思维"是充分利用互联网的精神、价值、技术、方法、规则进行创新和工作的思想。当然，每个人的理解并不相同。从国内互联网的大环境来看，互联网思维最突出的特征是并联平台思维。并联平台思维也可以解释为用户至上思维。

与传统制造业相比，用户至上思维的核心是产品，而互联网时代的产品是沟通工具，最终目的是发现消费者的潜在需求，换句话说就是先有用户后有产品，说白了，互联网思维玩的是平台战略，用网络功能去吸引用户，获得价值交换。

雷军对互联网思维是吃透了，他表面上做的是手机，实际上做的是以网络为核心的产品开发，这一点和周光平不谋而合，周光平认为好产品就是用户自己定义的而不是工程师定义的。互联网思维的本质就是先听用户说什么，然后再把这些都做出来。

在小米互联网化的过程中，最重要的原则就是用户至上。虽然这是被很多企业说滥了、玩坏了的词，但是雷军做到了，他还提出一个"1000粉丝"的理论：一个品牌只要有1000名忠实的粉丝，愿意无条件支持这个品牌的话，那么它就能很好地生存和发展。

如果说黄章开辟了粉丝经济的营销先例，那么雷军就是将粉丝经济运用到极致的典范：听用户的发言然后快速试错并纠错，正如当年雷军编写杀毒软件时的风格，不拖泥带水，也不把时间都浪费在思考阶段，一切都从实践中摸索。

这种近乎狂暴的创业思维，从雷军本人"传染"到小米的整个团队，员工们每天都要去论坛里浏览帖子，和米粉们聊天，广泛搜集米粉们对手机的反馈情况。不仅员工如此，雷军也会在百忙之中抽出时间到论坛解答粉丝的提问。

和米粉的互动可不是浪费时间，听取了意见和建议，小米就从软、硬件两方面入手，不断完善和升级，雷军觉得还不过瘾，就建立了一支"荣誉开发团队"，成员是120位发烧友，他们参与到MIUI的升级工作中：星期五发布新版本，星期六到星期一收集反馈信息、修补漏洞，星期三将更新的版本交给发烧友内测并做出修改，星期五下午又向外界正式发布……形成了一个完美的闭环。

　　单是前期参与并不够，雷军还动员米粉们参与公测，在小米手机正式发售前试用工程样机，鼓励这些发烧友们玩命"折磨"手机，尽快发现存在的不足，谁提的意见有价值还有重赏，如果遇到严重问题还能换取新机。

　　对此，雷军曾经感慨地说："小米拥有的是粉丝而非用户。用户跟粉丝是两回事，用户是在没有更好选择的时候用你。怎么真心真意对待你的每个用户，怎么让你的粉丝支持你，这是最重要的。"

　　用户是最宝贵的财富，尤其是忠诚度高的粉丝，他们的潜在价值不能用一两部手机的购买力来衡量，只有和他们保持情感联络才能让小米如病毒一样传播。每当小米发布 MIUI 系统时，靠的都不是软硬广告，而是用 40 万粉丝组成的线上宣传大军，奔赴各大论坛、社交平台进行推广。

　　开放性是互联网思维的第一个特征，雷军用这种思想去培养粉丝，让粉丝更加放开，小米借助高度参与的模式和粉丝面对面，减少了中间环节，将小米手机的性价比推到顶点。

　　也正是经过这种磨合，让雷军发现一个真相：在智能手机竞争日益激烈的今天，想要通过硬件获得利润越来越难，小米作为互联网手机品牌，只有不做线下渠道才能减少中间渠道的成本，这也是传统手机价格相对要高的主要原因。归根结底，中间成本都是消费者买单，只有采取线上销售的模式才能回馈粉丝的支持。

　　扁平化是互联网思维的第二个特征，雷军将其运用到销售和管理两个环节中。销售的扁平化是采用网络销售的模式，不依靠线下渠道，最大限度压缩成本，降低产品价格，让小米直接和消费者对接然后转化为粉丝。

管理的扁平化是对人才的自由化管理，小米不在团队内部设立过多的层级，而是简化为三级：七个核心创始人、部门领导、员工。如果团队人数比较少就整合在一起，如果人数太多就拆分成小团队，比如产品组、营销组、硬件组等，便于大家专心工作。

利他性是互联网思维的第三个特征，说白了就是在自己获利之前让他人得利。雷军鼓励用户参与手机的设计，也就是让他们成为团队的一分子，这种无上的荣誉感不是花钱就能买到的，米粉们自然会和小米形成依赖。雷军一向很鄙视把"用户是上帝"挂在嘴上的人，他认为中国人普遍不信仰上帝，喊出这样的口号没什么意义，不如保持利他的心态，将用户当成朋友，这才是经营用户的正确思路。

创新性是互联网思维的第四个特征，而雷军的创新主要体现在用户管理上的创新，简单说就是用独特的方式引导用户需求，从小处入手去抓取用户，让用户跟着小米走。所以，雷军曾经把手机、MIUI、米聊作为三大驱动引擎，目的就是把用户都拉到自己身边。据说，曾经有个米粉用一粒一粒的小米粘制了一部小米手机模型，如果用户都能达到这种痴迷，何愁没有市场？

互联网思维是全新的方法论，它思考问题的角度和模式是前所未有的，所以每个人都是探索者，也有机会成为总结者。雷军的聪明之处在于，他将一部具有竞争力的产品移植到互联网的土壤中，让它的亮点被无限放大，再通过粉丝的传播推向市场，引发了一场设计、营销和用户的革命。

打开"商业 3.0"的潘多拉魔盒

在上海大悦城的 3 楼,有一个占地 460 平方米的店面,白色和浅棕色的木桌,方形的结账台,身穿红色 T 恤衫的店员,让进来的顾客顿觉有一种安全感和舒适感,乍一看像是进入了"无印良品"的店面,其实,这是改版升级后的"小米之家"。

雷军为什么突然折腾起装修了?难道这是进军房地产的一次内部试水?这个问题的答案要从雷军的商业思维去寻找了。我们知道,当人类构建了一种全新的市场环境后,营销传播的方式也要随之变化,过去是对消费者进行信息灌输,现在则采用新的媒体宣传方式、新的内容去打动受众目标,21 世纪由此掀起了一股全新的营销风潮,进入了"商业 3.0"时代:创意营销传播。

和商业 1.0 时代的大众营销和商业 2.0 时代的分众营销相比，商业 3.0 和互联网思维产生了有机的结合，更注重对消费者的个性化定制。如今，在新的市场环境下诞生了很多新品牌，如何延长商业生命周期、如何让消费者产生关注热度、如何突出产品卖点……这些都能验证经营者是否真正读懂了商业 3.0 的含义。

事实上，小米也经历了从商业 1.0 到商业 3.0 的演化过程。

从 2010 年成立到 2015 年，是小米的商业 1.0 时代。

这个时期，小米针对的是广大年轻网民群体，属于大众营销的范畴，而销售模式以线上为主，全国只有 22 个小米之家，可谓"麻雀虽小，五脏简单"，仅仅起到了小米手机和配件自提、售后、维修等基础作用，当然这也不能怪雷军小气，毕竟小米手机刚刚问世，为了节约成本必须压缩线下渠道的开支。

没有对比就没有伤害。同一时期的魅族、苹果、三星都有线下实体店，无论从规模、装修还是内容上都比小米要丰富一些。当小米被冠以"互联网营销明星"的光荣称号时，也从侧面证明了线下渠道的弱不禁风。

随着体验经济时代的到来，单纯的网络销售不能满足消费者的体验需求，另外米粉数量的与日俱增，迫使小米必须从线上产品的更新升级到产品种类的增加，这也是雷军从线上转到线下的主要原因，只有经过试水才能赋予"互联网公司"的新内涵。

从 2015 年开始，小米正式布局线下渠道，开始了商业 2.0 时代。

当时，小米的线下战略是为了获取喜欢线下购物的用户，他们更倾向于"眼见为实""唾手可得"的真实体验。随着用户的逐渐增多，过去开在社区里的小米之家已经不能满足需求，于是迁移到了写字楼里。从店面业务来看，除了售后服务之外又增加了线下手机体验的功能，不过和小米商城等电商平台相比品类有限。

在这个阶段，小米在国内 19 个城市启动了小米手机旗舰新品"小米 4C"首卖活动，强化了线下销售功能，也加强了和粉丝之间的互动，不过小米之家承载的功能依然有限。与此同时，华为、vivo、OPPO 等劲敌也加强了线下体验店的建设，这也证明了雷军布局线下的方向是正确的。

在商业 2.0 时代，雷军开始谋划着小米的转型，不过，小米在转型做高端时遇到了问题，因为习惯网络购物的群体对价格的敏感度较高，而同一时期的千元机种类繁多，功能上也不比小米差多少。如果小米不丰富线下门店，接触到的受众群体类型会十分单一。

从 2015 年 9 月开始，雷军更加关注线下渠道的探索，在北京的海淀区五彩城店成立了一个新型的小米之家。对此，有人质疑线下开店会增加运营成本，不过雷军却表示，小米之家开业的第一天就有超过 100 万元的流水，一个月就能顺利收回成本。

小米的商业 2.0 时代可以看成是小米营销思维的转折点——上承 1.0 时代的互联网营销，下接 3.0 时代的新零售战略。

从 2016 年 2 月开始，随着小米之家转型为零售店，雷军对市场的观察更开阔也更透彻，他不满足在写字楼里发酵小米的品牌影响力，开始将小米之家迁移到各大城市的商圈中心，在各种大型商业综合体中扩大品牌知名度。从小米之家入驻北京当代商城店以后，只用了一年时间就在全国 20 多个省份陆续开设了 68 家线下门店。

除了店面升级之外，小米还在思维观念上有了突破：增加了线下销售产品的种类，比如平衡车、电饭煲等，同时又增加了曝光度，而且小米之家作为未来新零售战略的桥头堡，正在努力将线上和线下的优势相结合，产生的是一种创意性的营销模式，标志着小米进入了商业 3.0 时代。这个时期的小米之家，很难让人想到是一个维修、售后的门店，更像是一个文艺气息浓厚的茶吧、咖啡厅。门店里既有各种热销的小米手机机型，也有其他生态链产品，一切都是为了迎合用户。

就拿雷军投资一亿的 U+ 公寓为例，他之所以被这个项目打动，就是因为它的口号是"挡风遮雨，有爱陪伴"，给漂泊者一颗安定的心，这让有着相似经历的雷军拍案叫绝——不以用户为中心的商业思维都是要流氓。

无独有偶，小米的商业 3.0 也是从用户出发，通过对电商营销模式的升级和补充，让消费者获得更全面的体验。虽然从本质上看，小米还是以互联网为主战场，但是和过去相比，更加重视双线结合的营销理念，目的是让用户享受到更优质的服务和体验。

2016 年，雷军在微博上发文：小米手机要二次创业了。这一次"创业"和小米初始的定位不同，不再是一家智能手机公司，而是拥有广泛线下门店的新型企业。随着小米生态链的延伸和巩固，雷军脑海中的战略蓝图越来越清晰，他意识到过去被冷落的"小米之家"将在未来发挥重要作用。

雷军要从电商转变为以线下门店为突破口的新型企业，这不仅是为布局新零售做的战略准备，更是在思想意识层面的升级换代。如果小米在三四年之内达到了国内 1000 家实体店规模，同时具备了独立运营、不加盟和不挂牌的属性，那么和 OPPO、vivo 等手机品牌的线下店相比，数量上虽有劣势却是一个跨越式的前进。有消息称，小米可能会和苏宁等线下电器商家合作，还会从某些竞争对手那里抢夺线下渠道商的资源，增强线下竞争力。

未来的市场环境，不再是谁活用互联网思维就能取胜的环境，而是谁能同时经营好线上和线下才有胜算。随着时代的发展和用户消费心理的变化，企业间的竞争模式会变得越来越复杂，只有顺势而为才能适应新的市场需求，在保有原来生存空间的基础上继续扩大势力范围。

第六章

信小米,

得永生

发烧的不是手机，是米粉

当"粉丝"从食物变成了"用户"之后，它给互联网贡献的不仅仅是一个新名词，更是一种全新的营销手段。很多企业认识到，粉丝是无形的财富，他们对品牌有认知能力，还自愿充当"水军"，给商家创造无法估量的价值。

当然，粉丝可不是什么人都能当的，至少要有从一而终的"贞洁"，要有"为你痴狂"的境界，更有一颗你犯了错我都能无条件原谅的心。当粉丝群体越来越庞大时，带给企业的不仅仅是真金白银，而是一种狂热的宗教信仰，让你的对手在和你过招儿时不得不三思后行。

2011年，雷军在一次发布会上，为了证明小米不是一些网友所说的"国产山寨货"，当场掏出手机摔在地上，然后不紧不慢地将飞出去的电池装好、开机，结果惊人的一幕发生了：手机安然无恙。

作为一个 40 岁的创业者，不在关键时刻玩点儿"狠"是不行的。这不是雷军第一次摔手机，也不是最后一次。如果说刘备摔孩子是收买人心，那么雷军摔手机是俘获了粉丝的心。当然，粉丝看到的不是小米耐不耐摔的问题，而是雷军敢不敢摔的问题，这是面对用户的一种"实诚劲儿"。

在用户体验决定产品设计的今天，让小米成为爆款的推动力不是小米科技，而是广大米粉。有人说米粉有些"脑残"，其实这只是外人的有色眼镜，没有谁是傻子，用着一部电子垃圾还含泪叫好。小米能打动用户，是因为它最大程度地满足了用户，用户自然"以身相许"。

然而时代不同了，套路要改革。

过去做企业是先做知名度然后再做美誉度，最后建立忠诚度，现在则是先做美誉度再做知名度，雷军颠覆得更彻底，他是先做忠诚度，同时依靠美誉度去强化忠诚度，当二者都爆发到顶点时就有了知名度。

从某种意义上讲，小米科技是一个专门经营粉丝的"用户无限公司"，让米粉紧密地团结在雷军周围是小米的工作重心，也是雷军产品战略和用户战略的交叉点。别看雷军在拿货时将成本压到最低，可是在米粉身上却花钱如水。

2014 年春晚期间，雷军在央视上为小米做了品牌形象广告《我们的时代》，除了在视频结尾时出现了小米标志之外，整部片子丝毫没有展示小米的产品，却巧妙表达了米粉们的心声。有了这段耗资巨大的"煽情"营销，米粉更坚定地选择和小米站在一起。

在小米之家成立后，米粉们有了线下狂欢的"娱乐沙龙"。武汉、广州等地的小米之家，本来是上午9点正式营业，可很多米粉在8点就会到门口排队，急于进去体验。每个小米之家成立时都会有大量的米粉送花合影，甚至在成立一个月时还会庆祝"满月"，一些有才气的米粉还会为小米手机作词填曲。

现在，米粉已经成了一个独特的用户群体，每一个新产品的发布都能给他们带来热议的话题，尤其是在小米智能家居生态群落建立之后，米粉的队伍随着产品线的扩充而日益壮大：你买个手机成了米粉，我买个插座也是"准米粉"，米粉见米粉，两眼泪汪汪，产生的口碑传播作用可想而知。

我们可以大胆地推测，在雷军摔手机的那一瞬间，他已经看透了一个真相：无论是传统时代还是互联网时代，产品最终面对的都是人，有了人就有了一切，区区一个手机还怕摔坏吗？就算真的摔坏了，单凭这种热血沸腾的气概，也照样有用户买账。做企业的如果不能和用户产生良性互动，那还和咸鱼有什么分别？

在互联网时代，用户需求被放到一个关键位置上，任何一个商家都绕不过去，因为大家都懂得，只有关注用户需求并绑定他们和企业的关系，才能在市场竞争中分到一份羹。互联网的最大乐趣是什么？是一群人的狂欢，不把用户"煽动"起来就不会有品牌知名度。

雷军认为，腾讯的聊天产品是免费的，但是它的盈利能力金山比不了，小米手机也应当向腾讯学习，不要急着在手机上牟利，要寻找机会，赚未来的大钱。小米一代手机上市时，雷军真是赔本赚吆喝，直到出货量达到 30 万部才有了点利润。当然，雷军不是做慈善，也是用超高的性价比来吸引用户，把他们转变为米粉，下一步就好办了。

当然，有些人对米粉的"疯狂"并不理解：小米不就是一部手机吗？怎么都跟打了鸡血一样狂热抢购呢？其实，米粉的狂热是有理由的，他们喜欢小米是理智和情感共同作用的结果。小米对他们来说，不再是一件商品，而是一种时尚的生活方式。

正如有的人因为买车加入了车友会，有的人买了电脑加入了本友会，米粉因为一个品牌组成了一个新的朋友圈子，大家可以在论坛发帖，可以在微博互动，可以在贴吧交流，讨论的话题也不再限于手机，聊得热乎了，还能通过线下活动成为真正的朋友，何乐而不为呢？

从心理学的角度看，任何团体的粉丝都有一定的偏执属性，他们意志坚定、精力充沛，在互联网时代进化为一种成熟的心理模式。粉丝团体具有强大的社会影响力，这也并非小米一家独有，苹果有一大票的"果粉"，黑莓有一批少而精的"BB 控"……这些粉丝不同于那些追星的群体，他们自带商业光环和文化光环，每个人都是一个活生生的广告牌。

雷军通过营销和互动手段将米粉牢牢地团结在自己身边，为构建生态链培养了广泛的受众群体。雷军的思路就是将非主流人群转变为主流购买人群，将消费者对品牌的追捧转化为企业的生产力。

企业想要达到顺势而为的境界，就必须深度挖掘用户潜在的需求并长期稳住用户，因为推动人类社会进步的根本原因是人的需求。

随着移动互联网的发展，未来会诞生出上百亿台终端设备，然而真正有价值的既不是移动互联网也不是终端设备，而是遍布在终端和网络之下的几十亿消费者。

精明的商家先铺货再揽客，高明的商家是先揽客再进货，技高一筹的雷军是自己动手"造客"，有多少货都不愁买主，还拥有了一群替自己摇旗呐喊的追随者。

移动互联网时代的新消费模式就是：谁掌控了粉丝，谁就掌控了未来。

参与感和"三三制"

过去人们说"人才"是最宝贵的资源，现在是"人"才是最宝贵的资源，这句话说着有些拗口，却挑明了"用户至上"的真相。

用户是什么？是一群有血有肉的人，不是流动的 ATM 机，一心想着从他们身上提款是八流商家干的事。要知道，用户是有倾诉欲望的，他们买了你的产品就得痛快地吐槽几句，你就要耐心听着，把能改的毛病改掉，用户下次就直接夸你了。

雷军真正摸透了用户的心思，他让米粉们参与到设计环节，组成了一支阵容强大的"10 万人"研发团队，还不用发工资，成本近乎为零，回报却高得可怕。

如果说苹果引领了粉丝经济的浪潮，那么小米则将粉丝经济推向了极致。

现在有些媒体在撰写小米的文章时都比较谨慎，因为稍稍用词不当，就会招来米粉的"围攻"，这倒不是米粉们无理取闹，而是他们很在意外界对小米的评价，这当然要归功于小米的"参与感"。

"橙色星期五"是雷军琢磨出来的绝妙开发模式：将代码编写之外的部分都留给了粉丝，无形中扩大了测试开发团队的规模，让用户广泛参与到产品的设计和制作中，从而贴近自己的真实需求。雷军以参与感为利器，让用户获得了归属感和成就感。

当然，参与感并非是万能的，只有给粉丝提供实惠的回报才能持续发酵参与感的功能。随着社交网络和移动端的发展，分享经济成为人们谈论的话题。雷军曾说："猪会飞的背后，参与感就是'台风'。"雷军定义的参与感不仅包括设计手机这一环节，还包括市场运营环节。雷军深知，口碑传播不是唯一的手段，还要让粉丝通过参与产生更直观的体验。

小米副总裁刘德是这样解释参与感的：和平时期，年轻人出人头地的机会很少，而当前国内年轻人的心态比较悲观，在网络或者电视的选拔赛中很容易痛哭流涕，因此只要给他们机会，让他们为一个产品甚至一家企业提建议并得到诚意的反馈，就能帮助他们重塑成就感。正因为年轻人需要这种被尊重和信任的感觉，才愿意主动积极地参与到小米的产品开发和市场营销中。

刘德的话不免让人一震：小米钻研的恐怕不是技术，而是人心，能够将年轻人的心态挖得如此透彻，怎么可能没有市场？

参与感是一种可怕的力量，它能让用户自发地为品牌服务。在小米之家刚成立时，工作人员为了选择店址跑了七个城市，平均每个城市要跑三十多个地方，幸好有当地的米粉帮忙，联系中介、陪同看房，保证了小米之家的准时开业，更拉近了小米和粉丝的距离。

随着雷军线下布局的逐渐完善，小米之家的功能越来越齐备，不仅成为了小米的售后服务站点，也成为了粉丝的活动站，更成为了小米的品牌窗口。在雷军看来，服务是产品的延伸，优质的服务能够弥补产品上的不足。只有通过货真价实的产品和服务才能带动口碑传播，强化粉丝和小米的黏着深度。

雷军认为，小米应当向同仁堂学产品，向海底捞学服务，所以要把小米之家打造成高标准的服务站点，给粉丝一流的超预期体验。

2013 年，小米之家全面升级，内部装修完全按照一流的销售门店为标准，还力主打造成具有示范意义的旗舰店。据说，光是用来展示产品的桌子就换了四次，如此耐心地讨好用户，用户如何不喜欢？

现在，小米之家已经成为连接消费者和企业的重要桥梁，很多米粉甚至会在小米之家开生日聚会，也会在下雨的时候进去避雨，还有在闲暇时过来蹭网的，甚至还有用小米之家的打印机打印毕业论文的……无论你想占什么便宜，工作人员都会对你笑脸相迎。这样，越来越多的用户了解了小米之家，发现这里像家一样温馨。有一年三八妇女节时，小米之家还为每一个到店的女士送上鲜花，每年的小年，小米之家还会和无法回家的米粉们一起包饺子、吃火锅。

雷军对小米之家的定义就是体现情感基调，让米粉有宾至如归的感觉。在小米之家成立之后，雷军通过不间断的文娱活动拉近了粉丝和小米的距离。后来，一些员工还在工作中获得了灵感，由此开发出了一个新产品：点滴系统。

"点滴系统"听起来像是打吊瓶的应用软件，其实是一个内部的意见反馈平台，可以让小米的员工提出自己的建议，然后获得其他员工的点赞、打分和评论，为此小米还专门建立了运营小组，对一线员工的建议进行评比和奖励，只要意见够好，就能直接提交而不需要通过会议。曾经有员工提出让用户每天都闻到不同的味道，很快小米之家就配备了香薰机。点滴系统流程透明，用集体智慧代替个人决策，不仅调动了一线员工的工作积极性，还进一步密切了和粉丝的关系。

雷军常说："把用户当成朋友。"因为坚定这个原则，小米被塑造成一个年轻人愿意聚在一处的"社交品牌"，既方便了和用户互动，又能通过用户推广知名度。为此，雷军对客服人员提出了"15分钟快速响应"的要求：不管用户是提建议还是吐槽，都要在一刻钟之内回复。

互联网时代，企业卖的是参与感，这是雷军用心总结的一句话。当然，小米的参与感可不是单纯地拉拢粉丝，而是在和粉丝的互动中植入情感。想想看，当你被小米拉到产品开发的环节中，让你自由扮演"产品经理""测试员""推荐者"等多个身份，过足了角色扮演的瘾时，除了感动那就是激动了。

除了建立参与感，小米还有一个"三三"法则：建立参与感是将做产品、做服务和做品牌、做销售的过程开放，黎万强将其总结为三大战略和三个战术——做爆品，做粉丝，做自媒体和开放参与节点、设计互动方式、扩散口碑事件。

做爆品属于产品战略，在产品规划的某个阶段要专做一个有魅力的产品并做到极致，这种思路能够集中更多精力专注于当下产品的开发，也能汇总用户的建议，增强参与感；做粉丝属于用户战略，不能让用户只停留在粉丝阶段，还要让他们得到荣誉感，才能维系他们对企业的感情和对产品的热情；做自媒体属于内容战略，在互联网去中心化的大背景下，只有将自媒体当成信息节点才能促进信息的流动，要突出有用的信息，增强它们的个性化和情感化，加深用户和企业的互动程度。

开放参与节点就是让产品开发、营销推广等过程被打开，从中寻找能够让企业和用户都能获得利益的节点；设计互动方式是依靠开放的节点设计互动，根据"简单、获益、有趣和真实"的设计理念持续地改进互动方式；扩散口碑就是挑选出一批对产品认同度最高的用户作为核心粉丝，先让他们在小范围内发挥参与作用，然后让更多的人加入进来。

黎万强将小米的参与感总结得十分到位，也深刻地剖析了小米建立参与感的方法，让很多企业奉为经营宝典。然而在实践中，很少有企业能够从战略视角分析该做什么和不该做什么，导致活动效果很差，没有真正激发用户的参与感，最大的疏忽就是没有给予粉丝"特权"。

小米手机在网上抢购时，由于数量有限很难抢到，为了满足死忠粉的刚需，小米给那些很早就参与 MIUI 设计的用户发出了 F 码（朋友码），让老用户享有优先购买权。虽然有些企业也推出了类似的虚拟物品，却因为缺少和用户的深度联系失去了原有的意义——用户对他们的产品并没有抢购热情。除了赠送 F 码，小米还经常通过各种活动回馈新老用户并吸引潜在用户加入，创造出不少明星粉丝。

小米策划的"爆米花"线下活动，成为了米粉们的狂欢舞会。用户可以自发组织同城的米粉相聚，就连活动地点都是粉丝投票决定，相当民主，节目也是在论坛的海选中诞生的。在每年的爆米花年度盛典上，小米还会邀请一些米粉来到北京，小米的高管们会和米粉一起做游戏、交流和拍照，还会为资深米粉制作 VCR，让他们参加走红毯的颁奖典礼，打造属于米粉的明星。

小米推出的系列活动可谓独树一帜，雷军自豪地表示，没有哪个公司能够成功复制，因为没有谁能像小米这样把用户真正当成朋友。在雷军看来，做朋友的核心理念就是在朋友需要帮助的时候伸出援手，即便当时解决不了也要尽量找寻解决方案。如果以此为标准，还有多少商家敢说自己是用户的朋友呢？

受惠于这种良性关系，米粉对小米回报了厚爱，在第一代手机发售时，由于物流、售后出现了一些问题，论坛上骂声一片，职业水军和暴躁的路人都在谴责小米，可还是有很多真爱粉捍卫品牌的声誉，有人甚至特意拍摄暖心的视频鼓励小米，这对其他企业来说怕是想都不敢想的事。仅从这一点上看，雷军当之无愧为米粉的精神领袖。

激活设计驱动，提升软实力

日本设计大师原研哉说过："设计师不只是一个很会设计的的人，而是抱着设计概念来过生活的人、活下去的人。"这句话可谓深入骨髓：产品设计应当具有丰富、深刻的内涵，任何一个图案、一种色彩都不仅仅是为了满足视觉和美学的需要，要能起到传递产品概念、商业思维乃至企业文化的作用。

在2018年全国两会上，雷军的一篇报告被中国设计界纷纷称赞——《关于大力发展中国设计产业、全面提升中国设计水平的建议》。作为全国人大代表，雷军以一个企业家和国民的视角说了这样一番话："设计也是一种文化，话语权非常重要，建议我们努力打造来自中国的世界级设计奖，努力和世界设计强国对标。"

雷军的发言从另一个角度揭示了现状：国内设计业整体水平和世界

设计业先进的国家有很大差距，基础薄弱且人力资源匮乏，少有顶尖的大师诞生，所以要设立相关的机构助推国家级的工业设计向前发展，要加大培养人才的力度，奖励优秀的设计作品，等等。

雷军为设计发声，证明了他越来越重视创新设计对产品的推动力，甚至上升到了产品战略的层面。那么，小米的设计发展到何种程度了呢？

不妨从雷军之前的一句话去寻找："我不认为今天的中国有哪一个手机品牌是靠设计驱动的，因为在手机的工业设计中需要妥协的东西太多了，还远没有达到设计驱动的高度。"言外之意，小米也不是依靠设计驱动的。

难道中国人缺乏设计天赋？先不谈这个问题，只要去各大公司看看各位设计师的薪资待遇和话语权，就会发现设计的驱动已经被忽略没了。

说得直白点，国内的设计是"等需求"，等谁的需求？产品经理、开发部负责人或者是老总亲自下令。从未听说过哪个产品的细节改良是为了向设计妥协，听到的都是设计向成本妥协、向技术妥协、向企业文化妥协……在这种商业思维下，设计师就算有天赋也发挥不出来，因为没你说话的份儿。

幸好，雷军是一个重视设计的人，从小米成立之初，雷军就将设计作为核心竞争力之一，不过，小米的设计之路也经历了从无到有、从弱化到突出的过程。

在小米手机刚问世之际，雷军经常说一句话："没有设计是最好的设计。"这句话总被一些人误认为在"装深度"，其实这是雷军在追求极简主义，也是从乔布斯身上学到的理念。当然，初代机的设计并不完美，因为供应链要磨合，出货速度是第一位的，为了赶工有些耗时耗力的设计只能舍弃，随着供应链的逐渐成熟，雷军终于有了时间去琢磨设计，总结出设计管理的"三板斧"：坚持战略，死磕到底，解放团队。

坚持战略，就是让设计和企业发展战略相契合，起到相互妥协的作用。比如小米手机的包装盒子，一直采用环保材料设计，这是为了坚持绿色低碳经济的战略思维，而实际上成本会高出很多。以红米的包装盒为例，可回收和降解的材料高达 10 元钱的成本，而一部红米手机的售价只有 799 元。小米内部还为此引发争论：有人建议用两三块钱的包装盒，一部手机就节约了六七元钱，几十万部是什么概念？然而雷军却投了反对票："不行，我们不能因小失大。"这就是战略思维决定了设计，但设计又不向成本低头的证明。

死磕到底，反映的是一种认真的态度，设计需要慢工出巧活，只有把自己逼上绝境才能做到极致，这个理念已经渗透到小米的工作细节上。比如小米发布会上的 PPT，每一页都堪称电影海报级别的精心制作，因为它是在反复的修改中完成的，甚至在发布会的前一个星期，雷军还会亲自和设计团队继续完善，直到满意为止。

解放团队，是让设计团队对产品怀有感情，让每一个设计师保持热情，让他们发自内心地去激活灵感，产出创意，而不是单纯为了工作。每次小米在立项时，都会留意设计师的个人情况，一旦发现某个设计师不了解用户，即便水平很高也不会让他们进入项目，而是让他们去论坛和微博上"补课"，去深度了解用户的需求，多倾听用户的声音，让设计团队更加"接地气"。在组织架构上，小米将人员全部分散到项目中，没有级别和职位的对比，让他们集中精力做设计。

经过几年的探索，在互联网思维的影响下，小米的设计团队已经壮大到了 400 人的规模，设计理念也日臻完善。2017 年，小米接连斩获德国、美国和日本的四大奖项，小米 MIX 也被德国、法国和波兰的三家博物馆及艺术文化中心收藏，为雷军挣足了脸面。那些吐槽小米"山寨风"的人终于闭上了嘴，事实证明，雷军已经将设计融入到小米的血液之中。

当然，雷军没有就此满足，他知道设计驱动并没有成为普适性的商业法则，所以才竭尽全力地强化设计软实力。为什么是软实力不是硬实力，因为我们的产业基础摆在那儿，想要提升逼格不是一天两天的事情，只有在设计中融入艺术蕴意才能弥补其他短板。

互联网时代以用户为中心，用户以个性需求为中心，这恰好是让设计发挥用武之地的时代。用户需要的不是一个能装水的杯子，而是一个既能装水又有艺术感还使用方便的杯子，这就逼迫设计师们穷尽想象，将设计转化为生产力，让成本、技术为设计开道而不是捣乱。所以雷军意味深长地表示："中国制造要想进一步发展，还需要发展设计能力这个软实力。"

随着小米产品线的日益丰富，设计驱动也成为了不可回避的创新方向：不同的产品有不同的应用场景，设计师不再是产品经理的"下游团队"，而是要抢先一步发声，打破传统的创意思路，让产品逐步走向"设计化"，为制造业注入新的激活因子。这不是雷军一个人的计划，而是中国经济发展的必由之路。

被误解的小米"七字诀"

众所周知，小米有一个"七字诀"——专注，口碑，极致，快。很多人在网上对其进行解读，"口碑就是产品好""快就是发产品频率高""专注就是用心做事"……类似肤浅的解读不绝于耳，事实上，雷军把几十年的商业思维浓缩成的这七个字，并不简单。

专注

专注不是一辈子只做一件事，是在某一段时间里只做一件事，这是一种运筹学的活用，也是小米的处事态度。正如人们常说的"大道至简"，唯有专注才能达到极致。比如"永"字八法，只需要练习一个字就能将其他字也间接练习到。

为了探究"专注"的奥义，雷军特意拿小米和苹果及其他手机厂商做了对比，得出这样的结论：苹果的成功在于专注——做好一个东西比做好两个东西更难。

现在市场上存在一种误区，认为哪个企业生产的产品多就能满足人们的需求，其实这是不自信的表现，因为款式和种类太多反而会分散用户的注意力，挑来挑去反而不想买了，雷军不会走这种错误路线。

在小米第一代火爆时，有人建议雷军趁着热乎劲儿再推出几款机型，拉更多的用户"下水"，不过雷军却保持冷静，他说："到目前为止，苹果只做了两款产品，一个是 iPhone，另一个是 iPad，iPhone 和 iPad 整整占据了苹果 75% 的营业收入。iPhone 这些年来不过推出了 5 款手机，就连颜色也十分单一，但是苹果却成了世界上最贵的公司。"

不知道现在是否有人记得 HTC，它曾经在塞班只手遮天的手机市场中独树一帜，成为第一批配备安卓系统的智能机，如今却衰败到无人问津的地步。造成它落败的原因有很多，其中一条就是太不专注：在曾经的某段时间内有 20 款机型同时在售，而同时期的苹果只有 3 款机型，而且无论从售价还是配置上看，这 20 款机型完全是近亲繁殖的产物，根本找不出差异所在，搞得销售员都不知道该如何向顾客介绍，最后干脆去推销别的品牌。

HTC 的辛酸没落史，在雷军看来就是缺乏专注精神。所以在小米手机的功能开发上，雷军也强调专注一些主要功能。曾经有人考虑小米手机是否要做双卡双待，雷军认为暂时不必考虑，先做好用户体验就好，避免了在业务和市场的开拓中走弯路。

口碑

在雷军看来，"口碑"是"七字诀"里最重要的一环，他说："口碑是一切的核心，而口碑的核心则是'超预期'。"

雷军身上发生过一个有关口碑的小故事。他听说香港的太平洋帆船酒店是世界最好的酒店，于是在一次旅途中特意去看，结果到了之后大失所望：酒店布置的金碧辉煌显出浓浓的暴发户味道。雷军不敢相信人们的评价是真的，感觉自己被忽悠了。不过，这次失望之旅让他得出一个结论：口碑好不好不在于产品本身如何，而在于用户的预期，口碑就是要超越用户的期望值。帆船酒店之所以让雷军失望，就是因为雷军的期待太高了。

2009 年，亚马逊收购了一个名叫 Zappos 的卖鞋网站，雷军看到这则消息后大惑不解：8 亿多美金收购一个网站？带着好奇，雷军开始了解这个网站的发展史，最后发现亚马逊花的钱花得很明智。原来，Zappos 的最大优点就是会调整用户的心理预期，让用户不断发出惊叹。比如，Zappos 会对用户承诺四天之内配送到家，实际上第二天就送到了用户手里，用户能不欣喜若狂吗？另外，Zappos 还给购买过的用户提供一项特权：买一双鞋可以试用三双鞋，将不合适的鞋邮寄回来就可以了。

每个人的思维方式不同，关注点也不同，雷军一直研究的是用户策略，所以他从 Zappos 的案例得到了这样的启发：要给用户留足悬念，悬念越大，惊喜就越大。所以，雷军拿出了"地下党"的精神，十分重视保密工作。

当第一代手机生产出来之后，雷军没有急着打广告，而是带领团队成员去论坛发帖子，却不透露小米的创始人是谁，让网民们觉得这款手机很神秘。后来，美国的一个博客网站将小米第一代手机评为年度产品，雷军感慨地说："其实还是因为别人不知道，用户没有预期，所以一出来就感觉有些意外和惊喜，觉得这个产品很好。"

在小米手机预售时，由于税务机关每次只给小米开两百多张发票，导致每卖出两百部手机就要重新取一次，热销时每天销售一万多部，发票不够用，很多用户收到手机之后拿不到发票，有人就怀疑小米偷税漏税。

为此，雷军拿着证明材料和税务机关沟通了几个月，最后才获准可以自己打印发票。后来，小米将之前拖欠的发票重新补发给了用户并寄上了他们精心设计的米兔贺卡，对用户表示了歉意。用户收到贺卡之后，不仅澄清了误会还对小米产生了感情。后来，雷军又对前30万部用户寄去了感恩卡并赠送每人100元购物券。

小米的这些弥补措施都超出了用户的预期，他们很主动地将这些事和亲友分享，无形中发展了很多潜在用户。

一个公司最好的评价是用户口碑，它是一个公司能否长期发展的生命线，与其耗费时间、精力和金钱去处理负面影响，莫不如多营造用户口碑，这样才是维护企业形象的正确思路。

极致

"极致"是小米的精神境界，是雷军毕生追求的运动状态，只有以完美为目标，才能奔跑得更远，才能将对手远远甩在身后。

极致有一个孪生兄弟——极简，这方面的代表当属苹果，因为乔布斯是一个完美主义者，他将极致作为产品设计的思路，无论从产品外形还是logo都推崇简约，而"简"正是对"极"的推动，从而无限趋近于"致"。作为乔布斯的粉丝，雷军也继承衣钵。

当小米手机横空出世却又嗷嗷待哺时，正赶上国内各大品牌混战，不少互联网企业也过来分一杯羹，或者跨界做手机，或者投资给别人做手机，玩得不亦乐乎。为了让小米在残酷的竞争中得以存活，雷军以苹果的极致精神给小米规划了发展路线：用移动互联网做手机，做到极致，形成不能复制和替代的核心竞争力，击败对手。

由于传统渠道的零售手机很贵，在手机没有形成稳定销量时会有巨大的投入，市场成本和渠道成本至少占到手机售价的50%以上，即便如此，雷军还是顶着压力坚持将性价比做到极致，让小米手机售价不足2000元却拥有高性能，为此一炮走红。

有一次，雷军参加第七届中国互联网站长会议时，记者问他："如何看待有人将小米看成是山寨苹果？"雷军抑制不住愤怒地说："我靠！我有那么大本事吗？伟大的作品是不可能抄袭的，你有本事给我抄袭个iPhone看看，我没这个本事！"随后，雷军努力克制了一下情绪又说："苹果已经做到了极致，做到极致的作品没有任何被抄袭的可能性。"

在雷军看来，小米并不担心被人抄袭，如果真的被抄袭了，那就证明小米做得还不够好，小米一年只专注做一款手机才能达到极致的境界，才有机会成为最后的赢家。

快

"快"是小米的生存法则,快到"佛山无影脚"的地步,对手就只有挨打的份儿了。其实,快也是雷军的投资哲学,唯有快才能制胜于互联网,才能跟上时代不掉队。不过,这个想法雷军并不是开始就有的。在他刚开始做小米手机时,还是谨慎地以"中速"行驶,后来一家叫Zynga的社交游戏公司改变了他的想法。

Zynga是一家发展迅速的互联网公司,它的战斗法则是把游戏当成标准的互联网产品去经营,每个星期都不厌其烦地对游戏更新,混得也是风生水起。雷军从Zynga的案例中进一步认清了互联网的本质:用户需求变化很快,市场竞争激烈,跟不上速度就会被淘汰,而企业高速发展会暂时屏蔽自己的某些短板。茅塞顿开之后,雷军重新调整节奏,为小米狠狠踩了一脚油门,将开发周期控制在3至6个月,为的就是追上用户。

雷军说:"产品一出就要能秒杀对手,这样才有意义!从来没有人看到小李飞刀是怎么飞出去的,因为见到的人都死了!"在小米手机进入试用阶段时,雷军要求团队第一时间和米粉们交流并快速对产品做出修改。

时代变了,有些所谓的"真理"也要跟着变。过去,传统行业遵循着"五乘以八"的工作效率,现在互联网必须要提升到"七乘以二十四"的速度,因为用户的体验没有休息日。在网络时代,用户和企业的互动不仅仅是工作时间,你有官方论坛,我就可以半夜去留言,你有官方微博,我就可以大清早去投诉……所以企业发现了问题就要及时解决,不然等到用户的留言组成了"万里长城"，场面就不好收拾了。

在 MIUI 开发的过程中，小米的工作人员天天死盯着论坛，查看有没有新问题被反馈出来，通常这需要耗费两天的时间，而开发和测试加起来又需要四天的时间，因此 MIUI 的每次更新只需要一个星期就能完成，雷军让小米"超速行驶"却又能避免"交通事故"，将很多竞争对手甩在了身后。

随着小米手机在市场上不断走俏，可爱活泼的米兔也成为小米的虚拟代言人。对此雷军还做了解释："它叫雷锋兔。你们知道为什么这么叫吗？那是因为它是雷军做的手机品牌。那为什么叫兔子呢？因为天下武功，唯快不破，我们强调快，兔子是跑得最快的。"

"铁人三项"构建品牌魔力

1974 年 2 月，在美国夏威夷群岛的一个酒吧里，一群体育官员突然争论起一个问题：世界上哪种体育运动最有刺激性和挑战性还能考验人的意志和体能？最后一位海军准将提出：谁能在一天之内在大海游泳 3.8 公里再环岛骑自行车 180 公里然后跑完马拉松全程，谁就是"铁人"。第二天，有 15 人参加了比赛并有 12 人完成了挑战。后来，人们将这种综合性的运动项目称为"铁人三项"。

雷军也曾经提出一个"铁人三项"理论：互联网服务、硬件、软件。互联网服务是小米基于软硬件提供的各种应用与服务；硬件是小米手机及相关配件、电视、小米手环等；软件是指 Android Rom、MIUI 以及米聊等软件系统。

没有这三大强项，小米就不可能击败一众对手登上神坛。

我们不妨从另一个角度解析"铁人三项"，将其概括为"产品、渠道、理念"。产品主要是指硬件业务，它是小米立业的根基；渠道代表着互联网，它是小米盈利的保障；理念属于小米的商业逻辑部分，虽然不能和软件直接对应，但是从这个逻辑出发能够开拓出更多的业务。

总而言之，有了硬件做基础，小米手机必定是主要业务，有了渠道保驾护航，小米就能够在线上线下同步出售手机，而在先进理念的引导下，小米会跟随时代和市场的变化调整经营策略。

其实在这个圈子里，能玩"铁人三项"还有一个，那就是360。论互联网服务，360覆盖了安全、桌面、应用市场、浏览器等多个领域，做到了深度接触用户；论硬件，360谈不上有多强，但是小米能搞的它也一样能跟进；论软件，杀软出身的360自然也不虚。不过，周鸿祎却表示"创新模式引爆市场普及高配置低价手机"。当然，今天的360手机无法和小米一争高下，如果时光回到当初，周鸿祎会不会后悔自己唱了高调呢？

"铁人三项"支撑了小米五年，之所以说是支撑，是因为其中一项遭到了重创，那就是米聊。在米聊和微信之战尚未分晓时，雷军对米聊寄予了厚望，他认为米聊可以打造成连接各种应用的入口，不过随着米聊的落败，这个计划也落空了。

2016年，雷军对铁人三项重新定义，将"软件"替换为"新零售"，将原有的"软件"项目移植到了"互联网"项目中，而"新零售"项目中则包含了小米商城。从这个角度看，小米的"铁人三项"其实是扩展为"铁人四项"。这次调整所带来的最大变化，就是小米不再只通过互联网出售手机。

现在，小米硬件的业务主要是手机、电视、路由器以及外部的其他生态链智能硬件；互联网服务包括MIUI、云服务、互娱、金融、影业等经营内容；新零售包括小米之家、小米商城、米家有品以及全网电商四大项目。从品类上看，小米已经从街边的杂货铺升级为商业街上的购物商城，小米的商业模式也发生了变化，小米不再是互联网公司，而是手机、移动互联网和新零售公司。

雷军为什么把"软件"从"铁人三项"中剔除？或许是他进一步看清了互联网的本质：软件只是互联网的附属品，如果互联网服务能力强，就不会有太弱的软件能力，所以单独拆分出一项没有实际意义。相比之下，线下市场的开拓更符合时代发展的方向，所以雷军将"新零售"视为新的铁人项目。

外行看热闹，内行看门道，其实雷军修改的不是"铁人三项"，而是战略方向，他要让小米从电商平台企业转变为新零售平台。当然，这并不能从根本上否定"铁人三项"遭到了失败，而是互联网这个圈子水深浪高，变化太快，一种打法坚持五年已经不易了。

不管怎么说，"铁人三项"都是小米修炼内力的根本，也是小米鹤立鸡群的资本。雷军不止一次自豪地表示，小米的模式不可复制，因为小米结合了软硬件、互联网和新零售等三大法宝，很少有企业同时具备这些优秀基因。

雷军可不是王婆卖瓜，以联想为例，它是典型的硬件公司，基本上不具备软件和互联网的优势，而华为是"软件＋硬件"公司，互联网经营能力稍逊一筹。相比之下，小米在互联网领域占据优势，硬件制造能力也在与日俱增，而雷军又是新零售概念的思想先驱和行动派，真要拼内功斗体能，小米绝不会服软。

论互联网服务能力，自从小米一代机问世以来，雷军就在不断地"积攒"用户，哪怕利润低到几十块，也要扩大用户基础，好让服务有发力的对象，单凭这条路线，国内很少有企业能走得不歪。而且，雷军原本就是横跨互联网和软件两大行业的多面手，从金山到卓越，从天使投资人到小米，这些经历都能变现，也是一般人所不具备的。

论硬件能力，这并非小米专长，不过一直在稳步提升，近几年雷军特别注重给小米积攒专利，虽然不能和华为这样依靠硬件起家的对手平起平坐，但是和其他国产手机品牌相比并不逊色，而且随着小米生态链的逐渐完善，雷军只会让硬件更"硬"，只要小米手机切入用户的生活够深，从插座到空调都能化成小米系，这就是发力硬件的作战空间。

雷军说过，"铁人三项"的模式很难做，不然随便一家企业都会练成这种内功。准确地讲，很多企业有能力完成"铁人三项"，但很难在一条主线上将三项内容有机地整合在一处。雷军已经认识到了，如果"铁人三项"处于分散状态，那么产生的结果只能是相互对立和相互消耗，所以才将互联网作为"铁人三项"的核心，而硬件和新零售都就是两条辅助线，这就是今天的小米战略要义。

　　"铁人三项"是个好东西，但盲目模仿就可能会搞砸。为什么？我们看看苹果，它也是铁人三项的执行者，然而纵观全世界，能够达到苹果这种高度的企业并不多，因为软件、硬件和互联网其实是三种相冲突的文化。硬件强的往往是传统企业，比如格力，它有原创的专利，起步要比小米早很多，但是互联网基因就差了一截；互联网服务和软件强的都是互联网公司，它们一般也不具备硬件制造能力。

　　有意思的是，在新"铁人三项"中，新零售代表的是传统和现代相结合的一种理念，其实是加剧了和硬件、互联网的冲突，难道是雷军要"以毒攻毒"？显然不是，雷军是打算找准结合点将它们的排斥基因放到一边，用相吸基因产生更强的黏合力，不过要想达到这个目的，过程难免会火花四溅。由此可见，想练好"铁人三项"，先给自己做个体检，体能不过关的还是不要玩了。

　　雷军把"铁人三项"练成了极限运动，这不是作死，而是要应对时代的下一个拐点，不然小米难保不被甩出去。从这个角度看，雷军的不可替代性就在于，他的个人经历让他更贴近三种不同文化的内核，虽然他现在还不能驾轻就熟，可换了别人必定人仰马翻。只要找到了文化的融合点，小米自然会涅槃重生，让更多的对手只敢仰望而不敢近身。

小米的"成功学"能学吗？

若干年以前，成功学成为了一门不是学问的学问，于是涌现出了像陈安之这样的大师，他告诉每一个心怀梦想的人成功的方法，用一碗又一碗的鸡汤俘虏了一颗颗迷茫的心灵。在央视的一期节目上，成功学大师陈安之告诉马云要谦虚，结果马云当场怒怼："我成功从来就不是靠什么成功学，我是研究透了别人的失败才成功的！"

无独有偶，王健林每年都会给万达的员工推荐一本图书，其中不乏成功学方面的著作，不过，王健林却对这类书持有怀疑态度，他曾经在一次演讲中表示："千万别信那些成功学书籍，什么成功一百条、制胜三十招，都是瞎忽悠，千万别信，包括我讲的，你们就听听精神。"

王健林的话很实在，成功学并不能帮助一个人走向成功，不过对于有心者而言，他们可以从成功者的经历中收获智慧的火花，结合他们自身的努力和悟性，提高成功的概率。

小米异军突起之后，自然有"好学之士"向雷军讨教成功学，雷军倒也很实在，他说小米并没有什么奇迹或者捷径，小米的成功只有三板斧：用好料，做好产品；跟用户做朋友，倾听他们的意见；高效。

其实，把这三板斧的内容掰开了仔细研究一下，会发现这对任何行业都是适用的，不过能同时坚持三斧头都砍下去的，着实不多。那么，让我们来看看雷军是怎么挥动手臂砍下去的。

第一板斧，"用好料"——提高了产品品质，充分照顾了消费者的使用体验。

俗话说好马配好鞍，好手机当然也要用好料。2017 年，三星的 Galaxy S8、华为的荣耀 9 等手机品牌，都采用流行的 3D 玻璃外壳，它的优点是能够做出美妙的视觉效果，让手机外观显得更加高大上，男人拿着像霸道总裁，女人拿着像职场女王。不过，也有一些品牌故意逆行开车，比如 OPPO 和 vivo，它们采用了几年前流行的金属机壳。和玻璃外壳相比，金属机壳结实耐脏，却影响信号发射，并不是理想的外壳材料。除了这两大主流之外，还有"一股清流"出现在市面上——陶瓷外壳，用它的正是小米。

那么，这是雷军故意独树一帜还是另有玄机？要知道陶瓷外壳成本很高，成品率相对金属和玻璃外壳都要低，一般厂商不敢玩这么高端的东西，否则吃亏的是自己，但是雷军却认为，只有陶瓷外壳才能满足小米所追求的极致工艺，所以要不惜成本做出好的手机。

这番话堪称掷地有声，和当年雷军摔手机的潇洒动作有一拼。只要是关注小米的人都能发现，从小米的初代机到小米6，机身材质的进步十分明显，从塑料机身到聚碳酸酯塑料后壳，从不锈钢板冲压到高光不锈钢中框，小米一直将手机当成艺术品去制作，不断给粉丝送去惊喜。仅从这一点看，"用好料"绝非雷军夸口，是板上钉钉的事实。

第二板斧，"高效"——活用了互联网技术，增强了产业链的整体运作效率。

有一句话叫，如果恨一个人，就送他去纽约，因为那里是地狱……我们不妨篡改一下：如果恨一个人就送他去做手机，因为那里是地狱。这话不是危言耸听，手机是目前世界上竞争最激烈的行业之一，能侥幸活下来的不仅是兜里有银子，更要有一身硬功夫外加些许运气。小米从初创到今天还不到十年，却成为了世界营收最快超过10亿美元的公司之一，如此夸张的发育速度，似乎很难用普通的经济学规律去解释了，这说明了什么？雷军参透了互联网思维，自己总结出一套打法，催化了小米的成长进程。

高效的含义并不局限在快速发育方面，还要有快速适应市场的能力，也就是创新的脑细胞要时刻保持清醒。雷军追求的是用高效率去换取低价格和优质的服务，这样才能在竞争中得以存活。以小米小店为例，它的前身是小米直供，在外界不知道的情况下，用不到一年的时间开了20万家！让人们很难跟上雷军的布局思路，因为你根本没有机会去反应。

小米为何如此高效？有赖于长期积累的数据智能和长期运营的智能

效率系统。所以，高效已经成为小米的核心价值观，帮助小米迅速打造生态链系统，加快工业化互联网的转型和升级进程。

第三板斧，"和用户做朋友"——提高了粉丝的参与感和体验感，优化了小米的产品功能。

在互联网时代，人被数字化了，社交也被数字化了，而用户的个性化需求却更强烈，这也让他们更看重人和人之间的信任，只有信任才能推动信息的交流，否则只能谎话连篇，造成信息不对称。企业和用户的信任度越高，品牌的传播速度也越高。雷军提出的"和用户做朋友"，就是摒弃传统的用户关系管理模式，让小米和用户成为贴心知己。

为此，雷军还在小米提出了"全员客服"的口号。通过构建参与感，让用户和企业一起讨论、一起游戏、一起参与活动，建立强用户关系。而且，雷军从来不玩虚的，小米商城宣布发放100万张100元的现金券，用户就真的可以无条件地购买商城的所有物品，不像某些奸商那样设下消费陷阱，让人觉得不厚道。

和用户做朋友不是要嘴皮子，而是要体现在服务中。雷军说过，用户的购买行为是小米服务的开始，也是推心置腹的开端。为此，小米制定了"7×24小时"的在线咨询服务，仅凭这一点就超过了国内其他手机品牌。

同时，雷军还逐步在全国范围内建立中央仓储，提升小米的配送能力，并准备推出领先行业的"一小时快修"服务，现在已经开始设立试点。除此之外，小米内部还在酝酿"先行赔付"机制：如果无法按时维修或送达手机将对用户进行经济赔偿。

　　小米的"成功三板斧"内容并不深奥，是每一个用心做企业的人都能参悟到的方法论，然而难就难在少有人付诸实践，更鲜有人在实践中不断完善和细化。

　　事实上，不是"三板斧"造就了小米的辉煌，而是小米的专注和诚意选择了"三板斧"作为自己的成功秘诀。

"小米黑科技"的正确打开方式

日本轻小说作家贺东招二在《全金属狂潮》中，创造了一个登场术语——黑科技。这个年轻词汇的本义是指非人类能够自主研发、远超现有科技水平的技术，用人类的世界观无法解释，现在较为常用的引申意思是：超过其他竞争对手和用户想象力的竞争技术手段。因此，黑科技成为炫技词库的新名词，很多人也成为了"黑科技迷"。

2016年，小米召开了一场名为"探索黑科技"的发布会，雷军发布了号称集合"十大黑科技"的小米5。就在当年，雷军还举办了"小米5黑科技实验"直播活动，亲自拿着各种家什狂虐自家的手机，结果通过测试。

雷军说，"探索黑科技"是骨子里的追求。那么，小米为何热衷将自己和黑科技绑定在一起呢？

　　不得不说，雷军不仅是一个营销天才，也是一个技术精英，他之所以将黑科技当成小米追求的目标，是因为再高明的营销创意也离不开科技的架构。不管是硬件的黑科技，还是营销的服务赋能，它们都共同构建了小米的生态体系。

　　简单说，用户希望在你的产品身上看到那么一点儿"时代前沿科技的影子"，哪怕只有一点儿。

　　有人曾经问雷军，小米为什么会成功？雷军回答："小米的秘诀就是竭尽全力把产品做好，提高商业效率。"看来，把产品做好就需要技术做后盾，还是离不开黑科技。

　　现在，小米已经成为世界最大的智能硬件 IoT（物联网）平台，有人戏称小米是"黑科技弄潮儿"。从云米互联网智能冰箱到小爱音箱，都让小米的每一次发布会充满浓厚的科技感。比如小爱音箱，集成了 AI 语音控制，能够广泛连接小米的一众智能设备，而且是基于小米的全场景智能生态打造的，虽然是冷冰冰的、初级得不能再初级的机器人，却让用户觉得"有生命迹象"，相当于半个"生活管家"，但凡用上了就很难甩掉它。

　　雷军的思路就是用技术的进步去改变营销和服务的关系，而不是用高明的营销去掩盖技术含量的不足。

　　有一个不得不说的词叫作"新品效"，意思是以服务和技术创新为前提去决定营销的质量和效果。现在，在智能硬件大发展的前提下，物联网初见形态，离不开黑科技的推动力。

用技术提高效率，相当于用智能化饲喂系统养猪，把一件看似古老的生产活动打造成具有科技感和实际效率的事情，这也是追求简化的商业逻辑，让万物连通的速度更快。小爱音箱可以让用户动动嘴就能购买大米，小米电饭煲能够根据用户习惯推送米类广告，这些科技产品体现出了十足的"高情商"。

但是问题来了，"黑科技"并没有一个公认的概念去解释，也没有确切的指标来衡量其科技含量够不够格，于是有些人认为，小米是在玩黑科技的概念。比如，小米5主打"黑科技"，但是广告一发出来，有些人认定这款手机没那么"黑"：四轴防抖是索尼的技术而非小米原创，快充3.0是高通的技术也非小米首造……

其实小米冤得很。

对黑科技，各人有各人的理解，社会大众更倾向于"奇技淫巧"这个维度。比如马云斥资8亿投资的Magic Leap，是一个专门从事AR增强现实产品研究的创业公司，他们研究的技术是将画面直接通过光纤投射到视网膜上，增强现实体验，也就是说在你的视网膜上投上贞子的影像，你就跟真的见了鬼似的。

这的确是黑科技，但只是其中的一个类型，而小米走的是另外一条路线。

雷军所说的黑科技与一部分人想象的不同，他是从实用价值的角度提出的，不是为了"黑"而"黑"，而是要充分考虑到投入产出比。

有一个笑话，某位蟑螂药推销商敲开了一户人家的大门，向房主推荐了一款黑科技蟑螂药：只要将药涂抹在蟑螂的嘴上，不出五秒就会气绝身亡。房主听了之后哈哈大笑："逮到蟑螂直接捏死不就好了？"

其实黑科技也是一样，单纯玩高端并不难，难就难在如何与现实结合。

米兔智能故事机也是一款"黑科技"产品，"黑"在何处？除了能讲故事还能帮助儿童学习进化，等于聘请了一个不要工资只要电费的家庭幼教。当然，它没有《黑客帝国》那种高精尖的技术，但是走心走出了新境界，能够倾听儿童的心声，用儿童喜欢的语气跟他们聊天，让孩子的成长路上多了一个伴侣。

事实证明，不能打动用户的"黑科技"都是耍流氓。

回过头来再看小米5，雷军口中的"黑科技"不是防抖和快充，而是红外和NFC。有人一听可能会怒了：红外技术早在功能机时代被废弃了，你也好意思说是黑科技？也许你忘了，功能机时代移动互联网并不发达，导致"黑"无可用。

那么雷军是如何利用红外技术的呢？简单说，让用户多了一个遥控器，也就是让红外功能和两个应用场景相关联：换台和调温。

如今，遥控器的作用不是只能操控一台家用电器，而是需要能同时操作多台电器，这也是智能家居的一大特征。雷军所说的换台是借助EPG（电子节目单）的帮助，通过与热门电视节目海报和剧情介绍，向用户实时推荐电视内容，然后通过红外控制机顶盒的功能实现"一键换台"，简单说，就是用户点击手机上的海报图片就能在电视上收看节目了。

至于雷军所说的调温，是让空调自动控制温度系数。比如用户在手机 APP 中选择了自家使用的空调品牌型号之后，手机上的红外功能可以一次性调到用户想要的温度上，而用户在操控时产生的数据会随时上传到小米智能家居的云端，在进行数据分析后让用户更合理地选择对身体健康有利的温度，达成了信息交互的状态。而且，用户通过手机红外还能解决滤网清洗等维护需求，这样的操作怎能不增强用户的忠诚度？

单从技术角度看，小米 5 的某些功能确实不是人们印象中的"黑科技"，然而雷军让这几个寻常的技术多点串联起来，最后为电视打造了一个新的入口：手机。依靠手机向用户推荐内容，而小米则能逐渐掌控内容的选取，这就打造了一种全新的、植根于未来的商业模式。

试想一下，如果用户和小米手机产生了强黏着性，那么小米就处于商业模式的上游位置，可以在用户喜欢的同类节目中选择指定的电视节目，无异于寻找到了新的盈利点。而且，上述模式并不局限于电视节目，而是整个电视互联网，涉及购物、美妆、医疗、教育等多个类别，开发潜力巨大。

造出一部"黑科技"手机并不难，卖出一部手机也不难，难就难在如何让用户的下一部手机还买你的，也就是培养忠诚度的问题，而雷军正通过帮助用户养成某种使用习惯来加深他们和小米的黏着性，这才是棋高一着。

或许，是因为网民们过度消费了黑科技，才让人们对小米 5 产生了误解，进而怀疑雷军的动机。作为一个实干派，雷军从来不会用让人眼花缭乱的功能去冒充黑科技，而是要将技术的应用植根到小米帝国的成长逻辑中，要让看似寻常但结合起来注定不寻常的功能整合成为"黑科技"。

从小米 5 的应用案例中发现，黑科技不是为了引爆眼球，而是给用户培养一种全新的使用习惯并颠覆旧有的认知体系，畅享新时代的服务体验，这才是具有科技感和人文性的双赢，否则就会沦为"暗黑料理"式的黑科技。

第七章

新零售，搭上时代
拐点的快车

决战线下，新零售 PK 电子商务

淘宝诞生时，有人说它是对传统零售业的颠覆；京东诞生时，有人说它是对 3C 行业的颠覆。现在，如果这些颠覆者们要开实体店，会不会有人说他们疯了？

2016 年 10 月的一天，雷军在一个会上提到了一个新词：新零售。当天下午，马云在杭州的云栖大会上竟然也提到了它："未来的十年、二十年，没有电子商务这一说，只有新零售。"没多久，刘强东也提出了自己对"新零售"的定义。

为什么在短短的几天里，"新零售"成为了这些大佬的口头语？

新零售的核心是两个关键词——大数据和人工智能，用数据对用户做全盘扫描，再用人工智能改变商品的生产、流通和销售的过程，整合线上和线下的关系，以互联网为背景开辟的零售新模式。

当然，不是所有人都认同"新零售"这个概念，以宗庆后为首的几位传统制造业大佬，异口同声地说零售没有新旧之说全是胡扯。看来，新零售注定是一场撼动线上和线下既定关系的战争。

为何之前没人提出这个概念？量变引发质变。

这个"质变"从 2015 年初露端倪，当时很多电商发现：用户的增速正在放慢。虽然电商控制了相当多的消费者的行为，然而电商销售仅仅占据中国消费品零售业的 10%，纵然你再努力，增加的不过是电商的比率，却改变不了辐射的基数。

换句话说，能接受网购的还在网购，不习惯网购还是选择线下。自然，狼多肉少，流量成本拉高了，游戏有点玩儿不下去了。如何从被传统零售占据的 80%~90% 的线下市场抢到份额，就成为事关生死的大问题。

如今已经进入到消费升级的时代，外卖的兴起让方便面都卖不动了，随之而来的就是用户的个性化需求增强，过去是你穿什么衣服好看我也买什么，现在是你穿什么我千万别和你撞衫。当然还有一个看不见的变化，那就是大数据对消费群体的覆盖：你在淘宝上搜索了一次狗粮，掌柜热卖里就不会对你推荐猫粮，因为大数据知道你家里有汪星人。

既然新零售是大势所趋，那么这关小米什么事？按道理，小米是最没有资格去做新零售的。这并不是偏见，而是小米的定位使然：一个根正苗红的互联网公司，一个毛利空间近乎于零的企业，一个擅长互联网营销的新秀，怎么可能见过线下的风景？

不要忘了，雷军是国内最早的电商平台——卓越网的创始人。虽然那时候积累的是线上销售经验，但终归和零售挂钩，而且雷军在认识层面并不比别人目光短浅。

雷军认为，站在信息流、资金流以及物流的角度看，电商和传统零售最大的差别就是高效，但是这种优势是以两个缺陷作为代价的：一个是体验性的降低，从信息流的角度看，电商让商品具有易得性，却丧失了商品信息的体验，你看中了一件衣服无法试穿，而且你不能保证每个卖家都用最真实的照片为你呈现商品，很可能收货之后会惊讶自己是不是买错了；另一个是失去了即得性，从物流的角度看，你不能马上将网上的电视搬到家里，就算是强大的京东快递也不过是上午下单下午收货，商品到达手中总需要一些时间。

你说小米没资格，或许跟长年深耕线下的企业比差了那么一点儿意思，但小米又是一个学习能力极强的企业，何况雷军坚定地认为，电商更了解零售，所以他豁出一切要在线下遍地开花，铺设属于小米的门店。而且，雷军的胃口非常大，他计划在未来几年内将实体店数量扩大7倍至1000家，小米之家的总收入将在五年内突破700亿元。

难道雷布斯又要开新品发布会了？其实，他并没有口出狂言，现在小米之家的坪效，位居世界线下零售品牌的第二位，这足以证明小米能够以电商的成本实现传统零售。那么，到底是什么东西吸引用户光临小米的线下门店呢？

用雷军的话说：米粉可以去门店"闭着眼睛买东西"。

这句话堪称最精练的广告词。

电商高速发展的那几年，采用了"前店后厂一体化"的模式，将中间成本压到最低，用户交上运费就能足不出户地购物。在新零售构建之后，用户体验的是另一种模式：刚用电脑或手机下单，离他最近的零售店马上送货上门，甚至大数据在消费者选购之前就提前备货。比如你上个月买了狗粮，大数据计算你家的狗这个月差不多要吃光狗粮了就开始补货，这就是高效率。

小米去搞零售，也是雷军的战略调整，他曾经说，过去犯的最大错误之一就是忽视了线下。为了弥补这个错误，雷军才大张旗鼓地加快线下布局。

第一，流量布局。

通过选址对标，小米之家的知名度提高了，从原来的偏僻路段转移到了核心商圈，就算你鄙视小米一万次，它的名字你是忘不掉的。而且，小米之家普遍毗邻星巴克、无印良品这样的时尚消费场所，因为这里的用户和小米的用户高度重合，喝完了咖啡，顺便去小米之家逛逛，流量就有了，粉丝就多了。

第二，转化布局。

转化率决定着门店的实际营业额，做生意不能光拉客人却没有掏钱的，那么怎么让客人买单，用雷军最擅长的爆款战略，集中几个品类中的优秀产品摆在那儿，给人眼前一亮的感觉，摸着摸着就刺激起了购物欲望，这就是用产品质量的提升带动转化率。爆款策略有一个最大的好处是能够降低供应链成本，从而把价格压到最低，让平时最小气的人也舍得买单。据雷军所说，很多用户拿筐子装满为止，根本不看价钱。

第三，数据布局。

传统的零售店铺是什么好卖就卖什么，但问题在于什么东西好卖？新零售可以在小米获取的大数据的基础上，优先选择在线上证实过的畅销产品出售，比如小米最新旗舰手机、小米手环等。另外，还可以根据不同地域的特点选择不同的畅销商品，比如 A 地经常下雨，那就把雨伞转到 A 地去卖，B 地年轻人口多，就把平衡车多发到 B 地一些。

第四，黏性布局。

做生意的都希望有一批回头客，为此雷军瞄准了两个方向：一个是增强小米的品牌认知度，让不了解小米的消费者转化为米粉，特别是通过中间人推荐的方式带动转化率。另一个是让渠道更通畅，细分为米家有品、小米商城以及小米之家三个层级：米家有品和小米商城负责线上营销，走大而全的路子；小米之家负责线下零售，走少而精的路子，优势互补，让潜在用户一个都跑不了。

新零售是高效率的零售，美国的 Costco 和德国的 ALDI 都具备这一特点，它们成功的因素是重在效率而非科技或者营销。

现在，雷军正领着小米朝这个方向发展，一方面从快销品零售业招兵买马，另一方面完成各项布局。一旦阵地有了、士兵也有了，接下来就是一场"常规武器"（线下）和"新式武器"（线上）的组合战争。

致敬 Costco，小米百货在行动

　　几年前，雷军和几位高管去美国出差，下飞机之后，雷军发现很多人挤着去一家名叫 Costco 的仓储量贩店扫货。晚上回来以后，雷军看到猎豹的 CEO 傅盛买了两个大箱子，其中一个还是新秀丽（全球化旅行箱包品牌）的超大号箱子，傅盛告诉雷军，这两个箱子在北京卖 9000 多元，在 Costco 只要 900 元。

　　雷军听了之后目瞪口呆，他对 Costco 顿时产生了浓厚的兴趣，经过调查更是大吃一惊。

　　Costco 便宜到了什么程度？随便一个商品只赚 1% 到 14% 的利润，如果超过了 14%，必须要 CEO 特批才行。事实上，Costco 从创办至今也没有一件商品的毛利率超过 14% 的门槛，综合毛利率只有 6.5%。

　　难怪雷军会说：“我佩服沃尔玛，但真正给我巨大震撼的企业却是

Costco。"

看看今天的小米就能验证这句话了。

如今的小米官网可谓五花八门，除了和 IT 有关的智能产品之外，箱包、服装、体重计……甚至连方便面都有了，小米已经成为了名副其实的百货公司。有人发出质疑：雷军怎么如此不务正业？打造年轻人的第一台电视可以理解，难道还要创造年轻人的第一桶泡面吗？

雷军是从实践中向 Costco 致敬，为的就是构建新零售的布局。

或许有人还记得小米的"七字口诀"——口碑，极致，专注，快。现在连雨伞都开始卖的小米，算不算违背了初心呢？

其实雷军并没有走偏，那些零七碎八的百货都是生态链企业合作的，小米虽然入股但是不控股，所以生态链企业和小米的关系只能是把兄弟的关系，并非母子公司。而且，小米负责生态链团队的只有一二百人，而全部的员工一万多人，根本不会牵扯主营业务的精力。

小米朝着百货公司的方向进化，主要是出于两个因素：一个是寻找更多的产品打开市场，另一个是寻找更多的投资目标完善布局，小米移动电源就是成功的案例。

雷军说过，小米的模式不可复制，这是针对外人抄袭小米而言，但是从小米自身来讲，可以将手机领域的成功秘诀不断复制到其他兄弟企业中，不设边界，从而获得更多左膀右臂的支持。

当然，小米百货不是转型，而是为了布局新零售提前走出的一步。雷军为什么疯狂学习 Costco？因为这是一家研究"不赚钱"而发了大财的公司，它和小米在初创时的赔本赚吆喝有些相似，就是用极低的价格将路人甲、乙全都吸引到我的店里，让你舒舒服服地购物，开开心心地买单，但是你必须要成为我的会员——每年至少交纳 55 美元。这样一来，Costco 就拥有了一个庞大的用户群，像腾讯那样，不管玩儿什么新花样，只要一导流就能将人头变成人民币。

回头再来看小米百货，吃的、穿的、用的样样具备，这可不是多进货多卖钱的路子，而是拓宽用户群！小米如果只做手机，那么买手机的大多数是年轻人，但是买箱包的可能就有家庭主妇，那么买针头线脑的就可能是大妈，买零食糖果的可能就是小朋友……他们买了你的东西，如果体验不错就会变成回头客，一来二去就会和小米生态链的品牌深度绑定。也许大爷大妈一辈子都不会买跟 IT 沾边的东西，但日用百货却少不了，只要用心维护，他们也会转化为具有购买力的"老米粉"。

从这个角度看，小米百货的一个重要作用是：广泛接触新消费群体从而转化为新粉丝群体。想想看，一个小朋友从小听着小爱音箱，玩着米兔机器人，长大了，可以"合法"佩戴手机了，他不选择小米还会选择谁呢？

当然，培养新用户群只是雷军的计划之一，他还要培养用户的购物新体验。如果你想买一个电热水壶，普通的百货店里有很多，可是你跑断了腿，最后发现也只有那么几种款式，甚至会觉得最好的电水壶也不过如此。然而事实并非如此。电水壶有带 STRIX 温控器的，使用起来更方便也更安全；还有纯电子操作的，体验起来就像进入了 22 世纪；还有植入了智能模块的水壶让你自由选择喝茶、泡咖啡的不同应用场景……这才是科技带给人们的乐趣，传统购物那一套远远满足不了。

既然百货商店里很难享受前沿的科技成果，那人们去哪儿呢？小米的线下门店是不错的选择，因为它是和黑科技牢牢绑定的，能够给消费者舒爽的购物体验，也许只要一两次，用户就会产生黏着度，他们的荷包也就不由自主地敞开了。

雷军还从 Costco 的模式中学到一个妙招儿：在每个细分品类中只有两三种选择，看起来少，但是能挤上来的都是爆款。比如微波炉只有高中低三款产品，牙膏的品牌也少得可怜，这么做的优势就是单品备货，规模极大，和供应商议价时更有谈判的筹码。现在小米之家也如法炮制，货架上摆的东西绝不会让你"眼花缭乱"，而是"精益求精"。

有人担心，小米跨界跨到如此夸张的地步，必然会和各行各业产生竞争关系，万一结了梁子，人家不入驻怎么办？其实这个不是问题，生态链企业可以自主产出一些百货，即便缺乏相关的行业经验，但是在"智能＋"的过滤之下，很容易为产品增加科技元素和亮点，而且不必追求走量。比如小米生态链出品的自动折叠伞，防水性能高达 5 级，一把伞99 元，很有利润空间。

发力百货，除了是对新零售的布局补充，也和小米当前的处境有关。虽然小米在 2017 年实现了逆袭，但是和 OPPO、vivo 这些老牌对手的渠道积淀能力相比，瓜分 90% 的线下市场并不容易，而华为的技术优势和资金优势也不是小米可以长期抗衡的。从生存现状看，小米只盯着三大主业并不乐观。毕竟,在实现"打造世界入口"这个宏远目标之前,生存永远是雷军首先考虑的。

现在,小米凭借生态链方面的差异化竞争,已经领先了主业务对手两三年的时间,别人想追赶不那么容易,而且也不见得适合走小米的路子。小米百货无论从战略布局还是从分摊成本、弱化风险、保持热度等角度看,都有不可估量的作用。即便在某个环节出现瑕疵,内有主业务支撑,外有"雷军系"的依托,纠错能力强,也不会酿成战略性的失误。

也许,从 2016 这个"灾难年"走出之后,雷军开始为小米安装更多的"防护网",他心中想的是"诗和远方",眼里却看着脚下的凶险。

新国货运动，是情怀还是棋局？

小米是一个不折不扣的"学霸"。

雷军从各行业的巨头身上借鉴了很多优点，从同仁堂到海底捞，从苹果到 Costco，现在，小米很明显在学习索尼，准确地说，是穿越到上个世纪 60 年代，那个依靠一家之力带动"日本制造"兴旺发达起来的索尼，现在，小米正试图掀起一场新国货运动。

雷军有句话讲得很响亮："中国已经成为世界的制造大国，为什么我们自己做出来的国货，很多中国人心里面都觉得是劣质品？"话说得很明白，不是中国产的就是新国货，必须是质量过硬的才行，小米正在朝着这个方向努力。

拿小米插线板来说，小米"搅局"之前，就算是市场上最畅销的品牌，外形做工也很难看，而且还有一部分存在安全隐患，雷军当时就提出一个问题：让插线板带上几个 USB 高速的充电器。要求简单，实操不易，小米前后砸了一千万大洋才搞定，一上市就受到了欢迎。

上个世纪的日本和韩国，在经济起飞前国内制造业也很平庸，但是有了明星企业的带动，行业规矩就立起来了，质量就上去了。一个小小的插线板或许微不足道，但可以看成是这场新国货运动的开端。那么，新国货运动仅仅是为了凸显小米有爱国情怀？我们还是不要过于"捧杀"雷军，爱国情结的确有，助力新零售也是有的。

现在小米生态链生产的商品，都是满足"四新"（新技术、新工艺、新材料、新产品）标准的国货，种类繁多，受众广大，很显然，依靠小米过去的线上打法是无法推广开的，那么顺理成章地需要借助"新零售"的布局去实现。毕竟和美国、日本等成熟的消费市场相比，国内的新国货目前处于爆发的窗口，红利期不会太长，只有打造新国货才能为新零售奠定基础。

新零售是一种新思维，一种新的存在形式，而新国货是一种内容。你把线下门店都开起来，卖什么？总不能把隔壁超市里的东西照搬原样地挪过来，那就失去了新零售的时代意义。

当然，搞新国货也是有一定风险的，就国内的硬件公司的实际状况而言，在某个环节产出和洋品牌差异不大的商品不难，难就难在获得和它们一样的品牌号召力。因为在很多消费者心中，"国货不如洋货"已然是一种固有认知，想给这一部分人"洗脑"，着实不易。

但是雷军已经先行一步，为这场运动打好了提前量，那就是构建粉丝经济。能够和爱国情怀相提并论的，恐怕只有品牌信仰了。让粉丝产生广泛、深刻的情感共鸣，这是比直接号召他们"爱用国货"更容易的事，因为他们会从用户的角度和小米产生黏着，间接地支援了国货。

雷军在春节的时候去了一次日本，他看到很多中国同胞疯狂抢购的场面，深有感触，但并没有责怪他们，因为中国的消费者的需求在升级，他们需要的是质量更好的产品，然而需求得不到满足，他们只能选择去境外消费。也正因为目睹了这种怪现状，雷军才信心满满地说："我相信小米就是这个新国货运动的推动者。"

解决"供需不配套"不仅要提供优质的产品，更要提供新的配套场景，新零售就在其列。

日本的网上零售业在 2000 年兴起，不过它并没有中国发展得那么狂暴，专门从事线上零售的日本企业只有 20% 左右，同时开展线上线下业务的高达 60%。

因为日本的消费者只有 20% 愿意网上购物，其余的人还是更依赖实体店，于是不少日企以各种模式完成了 O2O 模式的转变，形成了具有日本特色的"新零售"。也正因为如此，中国消费者才能在他们的实体店中尽情抢购，而不是等待日本快递员送货上门。

真相已经越来越清晰了：如果新国货不搭配新零售，那就成了老瓶装新酒，很容易被人忽视。

雷军敢放出豪言壮语，是因为中国变成了制造大国，这是发力新国货的根基。所以，雷军在某种程度上把自己视为一个革命者，前有手机市场的行业剧变，今有生态链上的风云激荡，那么未来可能就是线下线上的血雨腥风。新国货要冲击树大根深的洋品牌，新零售要重新定义网络购物，这些改变既是洗牌，也是秩序的重建。

从另一个角度看，新国货运动也是工匠精神的新演绎。过去，雷军看重的是互联网思维，但是他自己也承认，忽视了线下，这从侧面证明了之前的互联网思维更多局限在线上，是将这个概念狭义化了。在他提出新零售的方向时，其实是将互联网思维的外延不断扩展，简单说就是一部分回归传统，而工匠精神就流淌着传统的血液：不依靠粉丝，不依赖营销，完全死磕质量。

没有工匠精神，新国货将成为一个噱头。雷军的理解是，在生产产品时，将用户没看到甚至没有用的地方也做好，这才是工匠精神。

"中国制造"必须变成"中国质造"才能屹立于世界之林。

2016 年 8 月 15 日，小米商城、QQ 空间、B 站和小米直播四大平台同时直播了一幕"惊心动魄"的视频：雷军分别用锉刀、钢锯以及电钻对小米 5 的 3D 陶瓷后盖进行破坏，结果小米 5 通过了测试。

这次直播表面上是展示黑科技，其实是在演绎工匠精神。工匠精神为何如此重要？是因为它将是新零售和新国货的最佳黏合剂。新零售是互联网思维的高度升华，新国货是传统制造业发展的需求，而工匠精神是消费者需求升级的满足，只有深化这种品质意识，才能从质的层面改变国货的面貌，才能光明正大地用新零售去自我展示。

如此说来，雷军正在每个环节上逐步发力，有些人看不懂，是因为没能将小米的这些举措进行横向联系和纵向推演。

2018 年 3 月，雷军登上了连线杂志《WIRED》英国版的封面，标题十分震撼：《是时候山寨中国了》。

不管怎么说，借助"新国货"的口号，还是能够让相当多的国人热血沸腾并充满期待，或许在不久的将来，消费者会成群结队在中国的新零售门店里，抢购具有工匠精神的新国货。

希望小米能够带个好头儿。

新"上山下乡"运动的战略深意

2017 年 8 月，雷军现身在河南一个乡镇的手机店里，身边却贴满了 vivo 的蓝色海报，气氛略有些尴尬，和他交谈的并非是圈子里的某位大佬，而是一位充满乡土气的女店主。很快，这张照片被发到了微博上，雷军撰文夸赞了女店主和她的女儿。

雷军之所以拜访这位女店主，是因为她在 10 天卖出 80 部手机。这位妇女无论如何也不曾想到，雷军会亲临她的小店。

这可不是一次下乡扶贫，而是一次战略试探。

雷军说过，过去小米遇到的困难之一就是过于专注线上，错过了县乡市场的线下换机潮。

其实，关注乡镇市场的不仅仅是雷军。就在同一年，刘强东公布了一个"百万京东便利店计划"，表示京东要在未来 5 年在全国开设 100

万家便利店，其中一半要开在农村。目前，京东开设的上千家"京东帮服务店"，覆盖了几十万的行政村，地方特产馆特产店高达一千多家，直取乡镇消费者。

同样，马云也没有闲着，天猫目前在农村建立了 3 万个村淘点，还推出了针对农村消费者的定制款洗发水，以讨喜的形象走进农村的千家万户，让农村消费者获得消费升级的同时体验"新零售"。

不夸张地说，这是一场新"上山下乡"运动。

从在乡镇市场的布局广度和深度上看，阿里目前稍逊于京东，以马云大力推广的"盒马鲜生"为例，目标定位在物流便捷的一线城市，而且只限于使用支付宝，这种高端打法并不太契合"新上山下乡"的路线精神。京东之所以有更大的布局力度，也许和刘强东的村娃子出身有关。

不管谁快谁慢，现在大方向已定。农村市场在中国的定位很特殊，它曾经一度被人忽略，又是大家都不忍心放弃的"长尾"。随着线上流量的红利逐年减少，线下市场的重要性不言而喻。中国有 9 亿农业人口，线下的市场份额是 90%，农村市场的开发潜力巨大。

现在互联网普及了，农村消费群体正在逐步纳入到"大数据"当中，也为新零售做好了铺垫。过去，各大品牌受制于渠道限制，很少触及农村市场，反而是一些山寨品牌大行其道，比如"雲碧""康帅博"这样的"知名"品牌。在新零售的大方向引导下，电商们开始在乡村市场进行渠道沉淀，不仅是为了拉动销售，更是为了提高供应链效率，推动新零售全面进入农村市场。

新零售大势所趋，那么如何将线上、线下和物流融合并精准而高效地贯穿到农村市场，这就成为了决胜未来的关键，没有强大的商业重构能力很难完成这个改变。

新零售的基础是数字化，过去人们错误地认为农村消费群体和整个国家的消费需求存在脱节，然而在实际接触之后发现，两者的步调是一致的。

做新零售是新式思维，而在农村做新零售是新式的新式思维，破局的关键是要找到并满足农村消费者的消费体验升级的需求，天猫的新供给形式就是一种尝试：在淘宝平台上实现服务通、商品通和系统通，让阿里的电商生态融入农村淘宝，消除城乡差别。

和城市消费群体相比，农村消费者更在意实际体验，一张图片 P 成大师水准也不如亲眼看看、亲手摸摸，所以在村头安插实体店就等于构筑了桥头堡，能够起到推广品牌的作用。

小米下定决心要抢占这块市场。

为了推动新零售全面开花，雷军深入河南地区，不仅去了洛阳、郑州等城市，还去了五个县城和十几个乡镇。在这场"农村包围城市"的运动中，小米小店很可能变成未来的主力军。它的定位是"实现个人卖家和小米官方的直接订货"，按照官网的报价统一采购，卖家可以赚到部分差价，等于变相扶植了低成本创业，最重要的是，它的销售对象直接面对市场庞大的区、县、乡、村用户。

在雷军的老家仙桃市，有一个市民成为了小米小店的店长，没花一分钱就用手机开店，十分方便。他所销售的商品几乎覆盖了小米生态链的全部：手机、电视、儿童电话，等等。显然，这种创业类型最适合在县乡地区，既能够减少分销环节，又兼具批发和零售的双重功能，对交通相对不便的县乡村镇再合适不过。

近几年，从"工业品下乡"开始，电商的发展正在给农村市场带来新的变化，和城市相比，小规模的便利店更有利于生存，能够遍布各个死角和空白区域，依靠的是大众日益碎片化的高频低层次消费。特别是被山寨产品"祸害"多年的农村消费群体，对高质量的产品的消费需求日益强烈，如果将他们成功地数字化并建立"品牌信仰"，就能让新零售在农村市场大放异彩。

当然，上山下乡的路并不好走：高额的运输费用，生鲜品的高维护成本以及消费者的接受过程，其中有一个环节出现问题就会影响购物体验，还会在"熟人经济"的农村社会关系中产生负面影响。所以，最好的解决方案就是提高线上获客率，实施精准营销，完成这个目标自然离不开移动互联网和手机。

回头看看雷军和那位女店主的谈话，想必有些问题就明朗了：当小米手机占有更多的农村用户之后，就能扩大 APP 会员的基数和使用率，抓取更多的大数据，还能通过广告投放刺激农村用户的消费欲望，从而加快农村供销渠道的运行效率，快速变现，同时借助小米小店之类线下门店，实现到店自提，分担快递的压力……一切水到渠成之日，就是新零售在田间村头落地生根之时。

现在，雷军将新零售的布局重心放在了国内广大中小城市和县乡市场，通过"直供店"的模式面对面揽客，同时广泛征召"米粉合伙人"，打破城乡的限制，跨越乡村闹市，用"直供＋无差价"的方式广设线下零售网点，县乡市场很可能在未来几年有爆发式的增长。

农村新零售已经成为一个社会热点，更是未来电商的新蓝海，新零售要超越甚至替代传统的百货商店和超市，需要多角度、全方位布局，整合一个最适合中国国情的农村新零售解决方案，谁能先人一步，就能抢占商机。

小米，你准备好了吗？

神仙打架，花落谁家

2017 年是新零售元年，一场没有硝烟的战争打响了。

腾讯、阿里、京东、小米……上演了八仙过海的年度大戏，或者自建，或者合作，或者收购，总之各显神通，纷纷进入线下实体销售。除去这些互联网巨头，苏宁、罗森等传统线下大鳄也迅速扩张，为新零售获得流量的转化。

股市是商业发展的晴雨表，2017 年，新零售概念股异军突起，出现了个股涨停的良好势头。

当有些人还在玩味新零售的概念时，这场谋在未来的战争已经进入到抢点布局的阶段。

腾讯以合作的方式扩大山头，联合多家百货零售企业构建了联盟，尤其是区域零售构建，背靠云计算，完善底层建设，开辟了新应用场景下的线下零售模式。这种资源优势互补的强强联合，帮助腾讯跑步进入新零售战场。除此之外，永辉的社区行生鲜超市、阿里的每日优鲜以及各种体验式专业连锁都在紧锣密鼓地布线。

有意思的是，这场有关新零售的战争，实质上是互联网公司自己挑头发起的行业革命，从几年前的模式探索发展到今天的抢点布局，未来的几年会更有看点。

那么，现在新零售的格局是怎样的？六个字：多领域，多线路。

新零售的战争，取决于大数据运用能力、智能科技普及度、线上线下融合能力等几大要素，归根结底，是老对手们在重塑业态结构之后，又换了个场地重新开战。

这场战役在刚打响的时候，火药味并不浓，因为各路神仙主要从线上零售朝着线下零售进行渗透，而且受制于人工智能和大数据的原始积累，无法搞出太大的动作，基本上是在试探中前进。由于互联网公司线上深耕多年，想要瞬间做活线下是不可能的，只能以"和平演变"的方式慢慢来，这样融合度才能更高。但是对于传统的线下企业来说，一旦线上巨头的布局粗具规模，必定会给他们造成致命性的打击。原因很简单，这场战争的核心集中在"智能"和"数据"两个关键词上，这正是互联网大佬们擅长的。

现在进入战场主要依靠三种战斗方式：智能、品质和物流。

掌贝是广州云移信息科技有限公司的旗下品牌，打出的口号是"为中国线下 6000 万商户提供智能化的店铺营销服务"，狠抓大数据，同时进行智能平台的融合，通过拉拢回头客增强流量变现能力，属于智能致胜的类型。与之模式接近的是猩便利和缤果盒子：前者主打"无人值守便利架"和"智能自助便利店"等即时消费服务，让消费者享受近距离的消费体验；后者是世界第一家能够复制的 24 小时全自动智能便利店，运营成本极低，创新后劲十足，还申请了全智能商品识别、动作识别防盗系统、动态货架等 16 项专利。

网易严选是丁磊亲手打造的，主打高品质的自营电商品牌，通过减少中间环节让利于消费者，品类覆盖了服装、母婴、洗护等多个类别，其战略目标是做全品类的优质商品，死磕质量。与之相似的是超级物种，它是永辉超市（腾讯入股）打造的新业态形式，注重为消费者提供全球优质食材，涵盖了鲑鱼工坊、盒牛工坊、生活厨房等子品类，目前发展势头凶猛。

每日优鲜属于 O2O 电商平台，瞄准的客户是普通老百姓，覆盖了海鲜肉禽、水果蔬菜等全系列生鲜产品，受制于业务属性，它的强化方向是物流配送服务。与之相似的是阿里巴巴打造的盒马鲜生，消费者可以到店购物，也可以在 APP 下单，最快 30 分钟就可收货。

同为参与者的小米之家，和上述对手略有不同，属于既拼质量又比智能的类型。

自从小米之家转型之后，销售品类从三大主业扩展到了生态链企业的产品，无论从店面装修还是出售商品都提升了不止一个档次，出售的智能硬件商品也体现出互联网公司的特定属性。从这一点来看，小米之家试图用复合打法和对手过招，避免在某个环节上失算。

谨慎的雷军让小米变成了一个难缠的对手。

科技赋能，供应流程，销售场景，这是新零售布局的三大关键词，只有在三个环节上都做好必修课，才能站稳脚跟。那么，未来的竞争态势会朝着怎样的方向发展呢？

我们要搞清大家争的是什么。

无论新旧零售，商家争的永远是顾客。只是在新形势下，获客手段不同了。其中最大的变化，就是顾客的消费需求升级。过去是满足于吃饱穿暖，你生产一件衣服，能穿几年就行；你造出一箱泡面，吃饱不饿就行。

现在不同了，顾客要获得被尊重的感觉，也就是说，他们不主动提要求你就应该知道他们在想什么，这就要依靠大数据去深挖。需求找到了，怎么满足？给产品注入科技效能，这就是智能化的独特药效。这样看来，传统的零售业是无法满足新时代的消费者的，因为他们无法提供极致的内容服务。

在这场跑马圈地的战斗中，目前最活跃的要属阿里和腾讯了，也恰好代表着两种过渡类型。

阿里布局新零售，是自身生态系统从线上向线下的延伸，同时还能截获一部分流量，因为老本行就是零售，所以更像是一种业态创新。腾讯是响当当的"流量土豪"，对新零售的布局更看重零售公司的经营能力，采取了"我出钱和流量你出力"的套路，充分发挥资源的优化组合，所以才投资了一大批运作多年的线下实体门店，更像是模式创新。

总之，腾讯和阿里以雄厚的资本为依托进行新的割据之战，玩的是大开大合；小米和网易严选是通过新制造的手段逐层渗透，练的是步步为营。虽说像阿里和腾讯这样的巨头不容易撼动，但是在打法多样、前路未知的战况中，仍然存在变数和看点。

未来十年，国内很可能将进入消费者的黄金时代，和现在相比将占有更多的主动权。对于零售业来说，顾客、商品和购物场所将被重新定义：顾客将从简单的消费者变成合作生产和消费的共同体，商品也将变成更全面的消费过程和体验，购物场所不再局限于网络和传统线下，而是变成泛零售状态。

当然，这场战争不是行业的全盘洗牌，它的根基还是建立在旧秩序的基础上，所以制胜的关键在于谁能转化得更彻底、谁的融合度更高，谁就能快人一马，拔得头筹。

第八章

小米帝国的
战略纵深

横扫智能家居，打造物联网地基

现在流行一句话叫作"无 WIFI，不幸福"。于是，一个不起眼的小东西成为了居家必备的物件——路由器，便宜的几十块钱，贵一点儿的几百块。

然而就是一个小小的路由器，成为了一场新战役的核心成员。

2014 年，小米发布了三款新产品，其中有一个就是路由器。此路由器非"寻常之物"，它被雷军赋予了四重重任：做好本职工作，成为家庭数据中心，成为智能家庭中心，变身为开放平台。

就在同一年，谷歌以 32 亿美元的价格收购 Nest 后，智能家居在世界范围内引起轰动。

正如做手机一样，雷军做路由器是醉翁之意不在酒，在意的是"家庭"二字，没错，小米正在冲击一个新的市场——智能家居。

21 世纪有一个新生网络名词，叫作"上帝视角"，意思是跳出"我"的局限性，站在和上帝比肩的宏观视角去看待万物。在一些穿越题材的网络小说中，主人公因为了解历史就开启了"上帝视角"，结果"神机妙算"，掌控全局。

"上帝视角"在中国并非神话，在中国互联网发展的早期阶段，很多海归将美国模式复制到中国，大部分都获得了成功。对外行而言，他们借鉴成熟的经验，相当于打开了"上帝视角"，因为他们知道互联网下一步会走向何处，即便不懂得经营和管理，也会因为坚持正确的投资方向成为行业的领军者。

回头看看雷军的智能家居战略，正是围绕着路由器揭开了战幕。别看这东西体积不大，价格不高，可是它关联到用户的网络生活，还能与其他大小家电产生联系，以它为切入点，可谓棋高一着。

其实看准智能家居这块肥肉的，不只是雷军一个人，之前也有不少厂商试图进军这个领域，可后来都知趣地走了，究其根本是因为成本太高，因为国人通常是五到十年才装修一次，而且在装修时给门禁或者电动门窗预留线缆的很少，这意味着后期升级花钱太多，加上各大家电品牌的兼容性不高，所以智能家居推广力度十分有限。

雷军的眼光是犀利的，他看到了路由器的独特之处：用户家里能 24 小时用电的，除了冰箱大概就是路由器了。如果依靠路由器去构建智能家居的核心，自然有机会接入厂商的家电，等于"策反"了敌人，壮大了友军。

有了路由器做开路先锋，雷军开始在用户家里"驻扎"队伍。2016

年，小米电饭煲问世，拥有电磁加热技术、"众口能调"等多个亮点功能。雷军认为，做电饭煲和做手机如出一辙，只要消除库存和销售的中间成本后就能卖出性价比，比如日本的高端电饭煲是 6000 元，小米电饭煲只要 999 元。换句话说，雷军要通过这种搅局的方式推进更多行业转型。

这是一句豪言壮语，也让不少友商瑟瑟发抖，然而财经作家吴晓波马上反驳："我很怀疑这件事。我们能够想象服装比如 10 块的成本能卖到 600、800，但家电没有这么高的毛利率。"话说得很透了：小米以拉低价格的方式去改变行业，不可能。

那么雷军是怎么回答的？他只说了一句话："我不跟你讲准确的，一讲要得罪很多人。"

或许我们换个角度就能理解雷军的思路了：智能家居是他开了"上帝视角"敲定的战略方向。小米从电视杀到了路由器，从路由器杀到了充电宝、插线板、空气净化器……雷军因此孵化了一批生态链企业，很多都是从创始之日开始就一路扶持，也有的曾经发布过产品，比如华米和紫米。

在这个大方向上，有一个重点攻坚的对象：物联网。

随着新信息革命的启动，物联网成为时代的新宠儿，和互联网不同，它是结合信息科技和传统领域的交叉网络，既是虚拟的也是现实的，具体到智能家居领域，能够真正实现"物物相联"。在人工智能技术快速发展的背景下，未来会有很多产品植入 AI 技术，既让设备去感知用户，也能让用户和设备进行信息沟通，打造一个智慧生活的操作背景。因此，与人们生活密切相关的智能家居将会成为行业的发展方向。

有权威机构估算过，未来几年将会有上千亿台设备进入互联网，会呈现出多样化和碎片化的特征，企业再想依靠智能手机做主业务还要活得很滋润，恐怕不可能了。现在，小米以米家为智能家居战略的核心，就是要覆盖人们日常生活的领域的智能硬件生态体系。保守估计，小米物联网平台所连接设备已经超过了 8500 万台。

搞颠覆是雷军最擅长的，因为开了上帝视角，就要让别人醍醐灌顶，不然小米怎么能杀出一条血路？想想看，物联网粗具规模的那一天，你的冰箱和电视连上了，你的电饭煲和音响连上了，这种组合效果就不是 1+1=2 了，而是 1+1>2。你可以在煲汤的时候听音乐，而这并不需要你人工操作，因为电饭煲和音响自己就能进行通信和数据交换，这种体验是不是很炫酷呢？

当然，现在很多智能家居的参与者还停留在产品智能化的阶段，并没有形成设备间的有效联动，操控方式也比较单一，基本上都是依靠 APP，不能给用户更好的使用体验。小米了解用户的这个痛点，尝试接入人体传感器、门窗传感器、温湿度传感器等智能设备，避免操作的单一性，也让智能产品之间实现有机的整合，真正给用户创造一个自动化使用场景，和同行相比，米家产品是目前用户最多、结构最完善的智能家居平台。

智能家居从技术层面上讲并不难，难就难在如何打开一个缺口。在这场入口争夺战中，很多企业都在积极构造平台去掌握主动权，而雷军则是跑得最快的那个。在米家的 APP 中，能够看到照明、安防、小家电等多种接入设备，所有品类还在不断增加，特别是在和百度达成战略合作之后，借助百度的人工智能技术，让小米的互联网平台产生更大的价值，为用户带来更优质的体验。

从另一个角度看，选择智能家居也是市场环境决定的，在智能手机红利时代远去之后，寻求新的利润增长点迫在眉睫。不过，随着小米智能设备的逐渐成形，最终会围绕"米家"形成生态闭环的应用背景，在更大的生态圈中开发每一个产品，为用户提供的不再是商品而是物联网时代的新服务。

物联网尚且处于早期发展阶段，即便是硬件实力强大的工业巨头也要在试错中探索着前进，更不要说缺乏硬件背景的小米。与传统家电企业相比，互联网公司出身的小米是欠缺了一些行业经验，但是雷军可以借助互联网思维去贴合物联网的概念内核，最多是多走几个弯路、摔几个小跟头罢了。只要找到适合小米主义的发展之路，前途依然光明。

"雷军系"的隐秘链条

互联网就是一个江湖，有江湖就有恩怨，所以才有了那句耳熟能详的话："出来跑，不论做过什么，迟早要还。"

1998年，金山被注入了新的血液——联想，而且凭借着30%的股权成为单一的最大股东，其中有一个人说话一言九鼎，他就是杨元庆，当时的联想集团副总裁。虽然在同一条利益线上，杨元庆和雷军却引出了一段恩怨。雷军是卓越网的创始人，却没有得到CEO的职位，因为杨元庆不同意，导致在出售卓越时卖出了一个白菜价，话语权很小的雷军想抗议，也没人能听见。

若干年以后，小米进入智能机市场，没用多久就撼动了长期霸榜的"中华酷联"，让跨界做手机的联想吃尽了苦头。随后，小米又跨界做笔记本电脑，再次给了联想一记重拳，小米的"性价比"让很多消费者买账，而联想的所谓"经济型"却效果不大。

回想当初，雷军在金山孤立无援，所以被财大气粗的"联想系"碾压，想吵架都没有一个帮腔的。然而现在大不同了，雷军有了自己的队伍——"雷军系"。

既然混迹江湖，就得有自己的帮派，不然势单力孤只能被人群殴。当年，小米手机第一次公开发布时，雷军投资企业的几大 CEO 纷纷亮相，有凡客诚品的 CEO 陈年，有拉卡拉的 CEO 孙陶然，还有 UCWEB 的首席执行官俞永福等，这些大佬们同时做出了一个惊世骇俗的动作——将自己手中的旧手机摔在了地上。

比起雷军一个人摔手机，这么多大咖同时摔手机的意味就很深长了：小米的未来发展，要和这些盟兄盟弟分不开了。

其实，互联网的派系纷争由来已久，但凡混的有点儿样子的都是"一个好汉三个帮"，对手多了不怕，因为谁都有几个把兄弟。比如阿里系的蚂蚁金服、新浪微博、UC、优酷等；腾讯系的搜狗、知乎、美团、同城等。相比阿里和腾讯这样的巨头，"雷军系"同样不虚对手。

"雷军系"主要包括三个部分：顺为基金投资的 270 家、雷军个人天使投资的 33 家、小米和小米生态链及其他对外投资等，其中比较著名的公司有 UC 优视，多看科技、迅雷、歪歪、雷锋网等。"雷军系"属于"花色品种"非常丰富的类型，既有电子商务，又有移动互联网，还有互联网社区……可以说汇集了各路神仙，还有不少已经成为上市公司，难怪外界称小米为"隐藏的独角兽"。

组建这样一支队伍可不容易，这是雷军广交天下豪杰的回报。雷军说过："人靠谱比什么都重要。"可见，雷军已经将"朋友圈战略"植入到小米的企业发展战略中。小米正在逐步从雷军手中的一张牌变成一个牌局，也正如人们所看到的，小米正在从一个手机公司转变为一种新生态，透过这种生态可以窥见到雷军的布局。

外围线，是小米帝国的入口，比如连接移动互联网的 UCWEB、线下支付的切入点拉卡拉以及语音入口 YY 等；中间线，是小米的媒体势力，负责小米产品的宣传和口碑建设，比如专注移动互联网报道的线上媒体雷锋网、线下社交会议组织的长城网；内线，是小米的渠道商，负责小米产品的营销，比如尚品网和乐淘网；辅助线，是小米的软件和网络社区，对小米的业务拓展起到补充作用，比如金山、可牛、好大夫、多玩等，它们能够弥补内线领域的某些不足。

分析到这里有些问题就理清了：雷军早些年的投资也不是乱来的，而是有选择性地和小米的发展战略挂钩，布局小米帝国牵涉的每一条战线。不夸张地讲，雷军是国内少有的"布线高手"，当时机未到时，你看不出他的高明所在，然而时机一到，你又会被打得措手不及。

林军是雷锋网的创始人，小米每次举办发布会或者新手机上市时，总是率领团队作为先锋出马，曾经在小米 3 上市前发表极具商业性的文章《小米 3 概念机来了》，帮助雷军造势。当用户在雷锋网搜索"小米"时，能够查找到远远超过同类竞品的信息。此外，长城会也为雷军提供移动互联网同行和投资人创业者面前更高的曝光机会，比如有意让雷军出现在重要会议的开头和结尾，突出他的地位，帮助小米建立品牌效应。

作为"娘家人"，金山也利用软件优势给雷军助阵，它曾经为小米手机提供了 15G 的云存储空间，还将游戏中的不少奖品设定为小米手机，不仅提高了手机销量，还扩大了小米的知名度。无独有偶，凡客诚品也多次展开"限量销售小米手机"的活动。在 UCWEB 的浏览器上，曾经推出转发送奖的活动，奖品都是小米手机或者 F 码。多看和小米在机顶盒上进行了密切合作，不仅共享源代码还分享供应链。众所周知，多看的电子阅读发育期较长，经过几年的积累才渐有起色。随着亚马逊的 Kindle 对国内市场的渗透程度加深，多看与小米之间的合作会越来越紧密。

当然，上述列举的"雷军系一家亲"只是小打小闹，最多帮助小米带动一点儿销量，随着雷军布局的深入，小米和它的战友们将会进行范围更广、程度更深的互动。那时，谁站在小米的对立面，要打败的就不仅是小米而是"雷军系"了。

既然是朋友，就不能一味索取，总要礼尚往来，雷军对他的盟友也提供了回报——入口支持。小米手机曾经预装过的金山词霸、YY 语音、乐淘、凡客等 APP，给他们带来了百万级别的安装量，虽然现在为了用户体验减少了预装，但是宣传作用还是有的。另外，小米还通过变相倒流量，帮助凡客诚品增加了一百多万的用户，将两家的用户群体深度重叠，为陈年节约了高额的推广成本。难怪有人认为，雷军系已经组成了一个"小米互助会"，共同发展，一致对外。

虽然互联网巨头之间有山头划分，但也绝不是非黑即白。雷军系和阿里系、腾讯系就存在着势力交集，比如 ofo、优酷、土豆等公司既有雷军的投资也有阿里的投资，而蔚来汽车是雷军和马化腾同时参与的项目。在互联网开放精神的影响下，各大派系间往往是合作与竞争并存。

总的来看，雷军的投资布局与 BAT 齐头并进又兼容并包，而且，"雷军系"并未以"小米系"命名，足见雷军个人影响力之大，他不仅是小米的 CEO，也是天使投资人，在中国企业界有着举足轻重的影响。

随着"雷军系"的壮大，并不会加剧和 BAT 之间的激烈对抗关系，因为无论从雷军的人生哲学还是竞争战略来看，求同存异才是小米壮大帝国基业的根本，也是未来市场竞争的主流趋势。

泛投资圈拓宽生存空间

2018 年年初上映的《唐人街探案 2》，一路披荆斩棘超越了《捉妖记》和《红海行动》，当仁不让地成为一匹黑马，上映十一天票房就突破 27 亿。雷军第一时间发文祝贺："小米影业投资的 # 唐人街探案 2# 票房已过 27 亿，恭喜导演 @ 陈思诚。"一众看官这才醒悟过来，小米影业要大赚一笔了。

随着互联网生态版图的扩张，很多行业巨头纷纷走上了"创而优则投"的道路，他们凭借技术、资本、经验、人脉等优势，成为投资界最早一批的"鲶鱼"，推动了创业投资格局的发展和变化。一些小型企业也背靠大树，追随巨鳄们的脚步，形成了相互关联的投资圈新生态。

如今，抱团取暖、有钱大家花已经成为了互联网的常态，这倒不是提前进入了共产主义，是因为有对手、市场、营商环境、时代的潜在威胁，谁都愿意把鸡蛋多放进几个篮子。

　　投资是雷军的第二职业，即便在创立小米之后也没有"忘本"，特别是在启动小米生态链以来更是一发不可收拾，俨然成了"散财童子"。据不完全统计，和雷军相关的投资项目高达 460 个。虽然这些公司并非都发布了产品，不过已经产出了小米手环、小米移动电源等销量超过千万的爆品。

　　雷军的泛投资战略不是要直接的经济回报，而是要为小米孵化出更多强力的友军。而且，雷军绝不是广泛撒网，而是集中在智能硬件领域并根据实际情况涉足到外围的其他领域。雷军曾经放出豪言壮语：要复制小米模式进入一百个细分领域。

　　别说一百个领域，就是十个领域，也足以让对手提心吊胆。在小米发布充电宝的当天，很多移动电源厂商就坐不住了。现在，雷军已经将小米从一艘独木舟变成了一支联合舰队。过去只在手机这条大河里鏖战，如今是跨界到海洋拼杀。更可怕的是，你永远也摸不透雷军的下一个投资对象。

　　2017 年，雷军对投资布局进行了调整，主要集中五个核心战略领域：新零售、黑科技、国际化、人工智能和物联网金融。显然，这五座山头都关乎到小米未来的发展。现在，小米生态链企业主打的很多产品，多半和"黑科技"沾亲带故，也成为营销推广的常用语，比如智能音箱、床头灯、体重秤……它们就像训练有素的"数码间谍"被安插在用户身边，加上米家有品的催化，又深入到刀具、毛巾、枕头等领域，"小米"不再是智能数码的代名词，更承担了日用百货的作用，一条毛巾都能通过植入抗菌和吸水功能而玩出科技感。

雷军扩大了投资品类，明眼人都看出来是小米的投资战略在变化，将带给更多行业冲击力。过去雷军只是专注智能硬件，现在是渗透到用户的生活，做周边，搞"农村包围城市"，而且这种打法还有利于战略布局的早期孵化，等到对手醒过来时往往无力还击。当然，出于谨慎的需要，雷军在投资速度上有所放缓，为的是精确布局，不做无用功。

一个有意思的现象是，雷军从 2017 年开始加大了对文化娱乐领域的投资力度，斥资 1.8 亿元冠名了《奇葩说》，雷军还走上节目舞台，秀了一曲自己在网红圈的成名曲《Are you OK?》。当然发力最狠的还是小米影业，2016 年参与合作的影视作品有 10 多部，不过基本都亏了，而《唐人街探案 2》上演了大翻盘。

雷军为何执迷于文化娱乐项目呢？其实，这是巩固粉丝群体的重要一步。小米产品的受众群体以年轻人为主，进军娱乐圈将会强化用户和小米的绑定深度。此前，小米投资蓝鲸传媒和米粒互动，也是为了从创作源头制作精良的 IP 产品，能够对动漫、小说、影视等多线资源进行孵化和整合。

现在看来，小米的投资节奏和行业布局处于平稳状态，反映出小米业务发展的新特点，按照这样的节奏，未来几年里，雷军还会进一步加强金融和游戏等领域的投资，巩固竞争优势。

投资久了会上瘾，也会掌握更多的门道，现在雷军砸钱的目标已经瞄准了国外。在国际市场，雷军将印度看成战略输出的要地，他表示将在未来五年向印度的 100 家创投公司投资 10 亿美元，扶植的都是和金融技术、超本地化服务以及制造业有关的领域，这可不是喊口号震慑对手。小米的友军顺为基金，目前已经收购了包括 Hungama 和 KrazyBee 在内的六家印度互联网公司的股份。也许在未来的几年，一个印度版的小米会冉冉升起，和国内市场遥相呼应。

钱砸出去不只是为了壮大声势，更是为了强化生态链的优势，将优点无限放大，将短板无限屏蔽。以印度市场为例，如果雷军的投资布局不出意外，将拿走印度市场的大部分份额，对三星造成致命性的打击。

都说艺高人胆大，如今雷军是钱多人胆大，小米的触角已经伸向了各个领域，难怪有人说小米是没有边界的企业，其实这话并不准确。小米的核心业务依然是手机、电视和路由器，除此之外的生态链产品都是由其他企业去做，雷军依然有大把的精力去谋划整个帝国版图的构建。

泛投资战略是强化核心业务的需要，当雷军对越多的硬件企业注入小米的基因，就越会增强用户对小米手机的忠诚度。雷军的危机意识告诉自己：小米不排除会被另一个更具颠覆性的企业替代的可能，必须通过广泛的投资为小米帝国构建围墙，保护小米生态链的安全。

雷军的投资布局也是小米战略布局的侧写，在甩出钞票的同时不难发现其中的深意：随着市场的整合，小米的竞争对手会越来越少，也会越来越强，不如将平台做大，把对手或者对手的盟友吸纳进来，让它们客观上变为小米生态链中的一部分，弱化矛盾，创造更多的入口，就有了去蓝海游泳的门票。

搅局，就是敢玩儿破坏式创新

当索尼将卡带录放机精简为可以别在腰间的随身听时，创造了数以亿计的销售神话；当苹果将手机变成新的智能终端时，曾经的手机王者诺基亚开始走向没落；当阿里巴巴推出免费开店的政策时，eBay被驱逐出了中国……在一个人人谈创新的时代，只有敢于颠覆性创新才容易成为最大的赢家。

然而，搅局者本身就是一个不讨喜的人设，如果不信，不妨听听雷军说过一句话："在小米做插线板6个月后，发现国内的插线板水平全部提高。"

这大概才是一个资深搅局者的应有表现。

搅局的确是破坏秩序，但是在"搅乱"之后要谋求一种新的秩序，这是因为在搅乱的同时进行了创新。正如很多人挂在嘴边的"互联网思维"，它原本就是和"破坏式创新"绑在一起。如今，破坏式创新已然成为一种特立独行的"病毒"，"肆虐"于各行各业，它的存在和发展往往让某个行业重新洗牌，重建秩序。你会发现，被创新的不仅仅是产品，还包括营销渠道的开辟、平台的搭建、管理模式的优化等方面。

中国互联网混战这几年，破坏式创新随处可见。360宣布杀毒免费时，用户欢呼雀跃，对手瑟瑟发抖，紧跟着全面免费杀毒的时代就来临了。同样，小米的"低价高质"也让一部分同行恨之入骨并送了它"搅局者"绰号。小米的出现就像手机界诞生了神舟，拉低了平均价格又分流了用户，雷军娴熟地运用破坏式创新推动了行业的大换血。

搅局，到底帮助小米成就了什么？

在全球范围内，小米是第一家依靠互联网获得成功的手机品牌，而这是谷歌之前想做却没有成功的事。2010年1月，谷歌推出了"Nexus One"智能手机，不少拥趸擦亮了眼睛，期待着谷歌的精彩表演，因为这是手机直销模式的首次尝试，让消费者不必和运营商签订服务合约，让谷歌披上了"解放者"的大氅。

不过这是一次失败的解放，谷歌的创意不错，算是完成了思路上的创新，然而在具体的营销环节上却未能破局，导致手机销量低迷不前。雷军成立小米科技前后，正是谷歌手机陷入困境之际。

雷军领先谷歌一分，那么这一分应当记在谁的头上？当然是破坏式创新。

　　国内市场的情况是，投资者容易短视，消费者普遍心急，媒体过于功利，敢玩破坏式创新就是在悬崖边上蹦迪。在 MIUI 没有一毛钱收入的时候，雷军还是冷静地按照计划办事，后来生产线拉出来，小米手机上市了，雷军又要承受着"微利"的事实，不过他还是不急不躁，因为他已经预判到自己正在对整个行业进行颠覆式的破坏，一年不盈利不要紧，三年不盈利也不碍事，重要的是行业格局已经在"基因突变"。

　　想要"搞破坏"，不光要撼动行业的老规矩，还要打破传统的商业模式。有了 MIUI 做铺垫，雷军才大着胆子迈进硬件市场，将当年治理卓越的那一套固件升级，然后注入到小米模式中，一下子就改变了手机的营销模式，甚至总结出"少、快、好、省"的打法——零渠道费用、零传播费用、低库存量、超乎"满意"的非标服务以及绝佳的用户体验，使得小米的受众群体越做越大。

　　"少"就是"精"，在雷军看来，一个人只有少做事才能集中精力把事情做精，而其他事情可以交给生态链企业或者合作伙伴去完成。

　　"快"就是要具备高反应速度，小米的 APP 必须及时更新，提高对软件系统的修复速度，确保能够紧跟用户的体验需求。

　　"好"就是认真打磨每一款产品，走精品路线，同时也提升产品的细分属性，比如针对 20 到 30 岁的理工男生设计的手机，如果同行半年推出新品，小米则会延长到一年甚至一年半，这是因为打磨细节占到研发 70% 的时间。

　　"省"就是节约市场营销费用，不依靠硬件获利而通过后续的服务赚钱,小米不做传统营销就是利用互联网优势,降低库存风险和采购价格,在推广产品的同时扩大小米的品牌影响力,让用户享受到科技的便利。

　　雷军有一句话叫"玩什么都要玩最新的,干什么都要得第一"。所以,小米的破坏式创新也要到对手的一亩三分地上搅三搅,不给他们喘息的机会。当初小米进军智能机市场,瞄准的是没有使用过智能手机的潜在用户,而且不降低做手机的标准,为的就是争夺其他厂商的中端消费人群,用单点突破 + 以点带面的打法让对手喝上一壶。这种战术,用一位专家的话说就是:"破坏性创新产品一旦在新市场或低端市场站稳脚跟,就会开始启动其自身的改良周期。"

　　打击对手靠的是什么? 策反用户。这方面雷军也继续搅局和突破,他利用社交媒体去影响两种人,一种是小米用户,另一种是关注小米的同行和媒体,具体的策略是让关注小米的用户只关注小米。据统计,在小米微博上和用户的互动比重达到了四分之一甚至三分之一,小米鼓励用户围绕产品为话题进行转发,建立了"百名铁粉团"之类的宣传组织,让这些老资历的死忠粉和小米保持密切的联系,在用户中发挥了重要的推广作用,至少可以影响到十几万用户,这就是社交媒体的核心价值。

　　小米破坏式创新的核心在于:区别了传统时代和互联网时代的用户差别。如今是用户主权时代,企业必须要倾听用户意见、诚意制定价格,更重要的是做好服务。为此,小米颠覆了传统的做法,推出了超过标准化的非标化服务:以标准化服务为前提提供给用户更全面和细致的服务,成为品牌亮点。

雷军对创新有着自己的理解："创新就是做别人没做过的事情，或是做了别人没做成的事情，这两样事都不会容易。我们在对成功者鼓掌时不要忘记无数的铺路石。对成功者顶礼膜拜，对失败者嗤之以鼻，会打击创业者积极性。"

刘慈欣的著名科幻小说《三体》是雷军十分喜欢的作品，他认为《三体》中的"黑暗森林"和"降维打击"与中国互联网企业的竞争状态十分类似。虽然看起来这种比喻有些残酷的意味，但也反向证明了颠覆的重要意义：不主动破坏就要被别人破坏。

构建利益共同体

"雷军系"算是一个公开的秘密，但这并不是雷军的全部底牌，他还有一些临时搭建的利益共同体，虽然不像把兄弟那样歃血为盟，却也能在行走江湖时相互照应。而且，这些临时盟友都不是弱旅。

找盟友的动力不是交朋友，而是源于互联网的一大属性——开放性。和用户亲密互动是小米的特色，能够跟友商甚至是对手化敌为友，也是雷军的本事。

MIUI 系统是基于 Android 系统优化而来，为了把蛋糕做大，小米和 Windows 建立了合作关系。上个世纪，微软曾经坑过金山一回，雷军恐怕不会忘记这笔旧账，不过此时非彼时，只要找到利益的交叉点，背靠大树还是好乘凉的。

在智能机系统领域，微软混得并不开心，Windows 和 iOS、Android

相比过于小众，为了拓宽市场份额，微软迫切需要和有影响力的中国手机厂商合作，于是在 2015 年和小米携手，推出了 win10 版本的小米 4，微软还熬心费力地为小米开发了 ROM（只读内存镜像的简称，常用于手机定制系统）。

随后，小米马上进行了 win10rom 的内测，实现了雷军让发烧友们同时刷上 Android 和 WP 的夙愿，提供给用户更多的选择。当时，不少 Windows phone 的"遗老遗少"们也被满足了一回情怀。虽然微软的本土化做得还不够下功夫，但是这一次握手还是让小米用户眼前一亮：原来我们不只有 Android！

互联网时代，企业不仅要向业绩看齐，更要向用户看齐，用户有需求就适当满足一下，对自己并无害处。而且，不同领域的企业进行合作，共赢的成果会更大。尤其是在移动互联网时代，容错率越来越低，一着不慎就会满盘皆输，比如让人唏嘘的 HTC。

小米的初代机发布会刚过去一个多月，雷军的另一个盟友主动上门了：中国联通。目的很明确，要和小米推出合约机。雷军当时的心情我们不得而知，不过喜悦应该是有的。按照圈子里的规矩，从来都是手机厂商去找运营商谈合作，现在中国联通主动示好，这足以证明小米是一支绩优股。

如果说"雷军系"的把兄弟能助推小米的发展，那么外围的临时盟友会关系到小米的未来，甚至是企业的生命周期。雷军很早就看透一个真相：创业型企业必须要抓住机会，尤其是对细分市场的抓取。

　　小米与联通合作，可以通过定制合约机为抢购不到手机的米粉们提供新的购买渠道，也落实了线下销售形势，给厂家和消费者都带来实惠。2011 年年底，小米和中国联通举办了合作发布会，小米手机联通定制版华丽登场。这次合作对雷军来说开启了一个共赢时代，无论是对中国联通还是其他企业和消费者都有益处。要知道，每个行业都会受到内部规则和资源的限制，单枪匹马杀出重围很难，不如里应外合、优势互补。

　　在市场上存活最久的，往往不是杀敌能力有多强，而是结盟的艺术有多高。合作是增强品牌的内力，也是让企业获得跳跃式发展的助推器。

　　2013 年，小米联合腾讯和中国移动共同推出了红米手机，首发平台是当时流量巨大的 QQ 空间，借助企鹅帝国的强社交模式，雷军让小米痛快地吸收了一波用户。虽然米聊败给了微信，但借用腾讯的用户基础做推广，还是赢在了起跑线上。除此之外，腾讯还加盟了小米电视和小米盒子的项目，从产品层面与小米建立深度合作。从战略角度看，纵然小米和腾讯有利益冲突，可算来算去，合作始终是利大于弊。

　　就在与腾讯合作的那一年，小米正式登陆天猫平台并成立了小米天猫官方旗舰店，为米粉们拓宽了新的购买渠道。在当年的"双十一"购物狂欢中，小米手机销量第一。虽然小米和阿里有业务上的竞争关系，不过双方都在谋求生态系统的构建，互送橄榄枝也就顺理成章。由于阿里和小米都注重进军国际市场，雷军还能借助对方的资源增强品牌输出力。

　　雷军和 BAT 中的两家建立了合作关系，当然也不会漏掉剩下的那个。

2014 年，小米以百度贴吧为预约通道，发布小米多彩移动电源，作为礼尚往来，小米自带的浏览器也默认为百度搜索，还搭载了几个百度系的 APP，小米路由器和小米盒子也能通过百度云插件获得观看百度云视频的权限。当然这些合作都是蝇头小利，最有价值的是，小米借助百度贴吧又一次吸粉，让"小米神教"拥有更多的信徒。

雷军不仅和几位圈内大佬展开了合作，还来了一场"白富美下嫁屌丝"的珠联璧合。

在 2014 年索尼的全新电视产品线发布会上，索尼宣布新出的高清电视支持小米盒子，一些老产品也能通过固件升级实现与小米盒子的有效连接，小米盒子的 UI 也可以接入索尼的电视，让用户通过遥控器实现对小米盒子的操控。

论起信仰的力量，索尼要远超过小米，那句"索尼大法好"绝非一句戏谑之词，索尼在中国的信徒数量相当可观，如果说 BAT 是大树，那么索尼就是一艘巨轮，搭上一角都能日行万里，不仅赢在了起跑线，还贿赂了裁判。

小米和索尼的联手，从逻辑上讲有些不可思议，因为索尼和小米的产品线重叠度很高，然而索尼在软件系统方面的短板和小米硬件能力的不足反而促成了合作。索尼通过与小米合作，以低成本和高效率的节奏快速进入中国本土市场，小米也因此提高了品牌的曝光率，甚至将一部分索尼粉转化为米粉，这个价值怕是不能用金钱来衡量的了。

作为小米的掌门人，雷军拥有着高格局和广视角，不会受制于眼前的竞争态势而影响到整体战略，正如商界那句名言："如果你不能战胜对手，就加入到他们中间去。"事实上，现代商业竞争并非要你死我活，而是要追求更高段位的合作。

尤其是在互联网时代，用户十分注重体验，唯有放下隔阂、携手并进能达成这个目标，毕竟术业有专攻，亦敌亦友将是未来企业间的常态关系。

以优势换时间的金融战略

巴菲特说过："投资者应该铭记冲动和费用是敌人。如果他们执意要试图尝试股市，他们应该在别人贪婪的时候畏惧，在别人畏惧的时候贪婪。"

股神用简单的一句话，就概括了金融的真相和人性的本质。不过面对金钱，人们难免不暴露贪婪的本性，尤其是在金融和互联网"联姻"之后，让金融离普通的投资者更近，诱惑也就更大了。

互联网金融和老百姓并不遥远，你用手机支付水电费，你用手机支付打车费，你用手机叫外卖，都是互联网金融，更不要说那些依靠网络贷款的创业者了。

在美国，家庭的存款只有十分之一存在银行，其余的都搞投资，估计在不远的将来，国人受到了更多财富教育的熏陶，会和金融投资绑定得更深。

正因为看到了互联网金融的火爆，不少网络巨头纷纷杀进这块战场，蚂蚁金服、百度钱包、微众银行、京东金融……每个机构的后面都站着一位大佬，当然，素有"跨界王"之称的小米也不甘落后。

其实，雷军玩互联网金融不算完全跨界，毕竟他曾经做过天使投资人，懂得资本运作的基本原理，所以从这个角度看，小米反而更有优势。

那么，小米都把钱砸向了谁呢？

有老虎证券、51 信用卡、积木盒子等多家公司，种类丰富，从网贷到证券再到理财一个都没少。表面上看，雷总真是有钱任性，什么都投，其实这是他按照金融界的规矩办事：首先切入到支付领域，站稳脚跟后再进军利润最高的贷款领域，赚的腰包鼓了还可以搞保险代销等流量业务。

马太效应在互联网金融界又一次得到了验证。

不过，雷军也不全是按照套路出牌，他已经开始向产业链上游推进，以定制个性化产品为卖点，打造小米式的投资新潮流。

虽然雷军野心不小，但是从资历上看，小米的金融业务起步有点儿晚了，不过在牌照和业务线布局方面已经基本成形，无论是第三方支付牌照还是民营银行牌照都搞到了手，而且还多收了网络小贷、保险经纪的牌照，这似乎预示着雷军又在下一盘大棋。

起步晚不要紧，关键在于玩得开不开。以"小米贷款"为例，过去主要针对小米手机用户，现在格局打开了，面向全体用户，可以说是小米金融业务扩张的里程碑。

雷军从 2016 年开始，就猛力推动小米支付业务的发展，一方面布局了公交支付场景，另一方面和多家银行进行合作，此外还试水 VR 支付等，基本原则就是别人做的我要做，别人不做的我还要做。

2017 年小米翻盘之后，雷军的胆子变大了，步子也迈得更大，只用了不足半年的时间，就将贷款规模拔高到了一百亿以上，成为除阿里之外最大的新晋玩家之一。

虽然雷军依照其他互联网大鳄的思路进行实操，不过他心里也清楚，单纯的复制很难成功，这也是小米目前必须突破的上升关口。对小米来说，布局互联网金融只是小米生态的一个分支。

回顾小米初期的发展策略，是依靠低成本的硬件产品获得粉丝再用 MIUI 黏着粉丝，最后依靠互联网服务变现，而小米金融正属于变现部分，雷军的布局模式也是围绕着这个终端节点设置的。

不过，情况正在发生变化。

2017 年 7 月，雷军在阿里巴巴网商大会上提出新的"铁人三项"：硬件、新零售和互联网。由此可见，尽管小米金融绑定了流量变现端口，不过身份已经发生了变化。由于雷军将线下钦定为新战场，金融服务就得配套跟进，而且小米的合作渠道商们也需要借点创业经费进货、开店，这些都将刺激经营贷的刚需。

在小米的新生态链背后，隐藏着巨头对上下游供应商的控制以及伴生而来的金融机遇。过去，供应链要以传统产业为根基，而现在新的经济形式需要新的金融模式，这正是小米金融需要完成的时代任务。雷军是投资人，小米也是投资方，而对供应商和投放对象的掌控与联络，都要在仔细甄别之后才能决定是否提供金融服务，这已成为行业的操作标准。

可以说，小米未来的生态发展价值，都需要金融这一板块的助推。

小米金融需要对大数据进行风控，要完成精确的识别则不能受制于几个节点的控制，而是要进行全方位的风控，比如贷款前的信息失真，需要收集用户的行为习惯并做出预判。为此雷军给小米建立了反欺诈体系，它能够根据用户的信息情况和对管理数据的处理和提升，形成无缝连接的体系。

雷军还盯上了农村互联网市场，也许有人认为雷总想钱想疯了，其实他很精明，农村就好比人人不穿鞋的荒岛，只要你手里有鞋，只要你成功推销，市场相当大。

其实，不仅是雷军看上了农村消费群体，马云也在进行金融的农村化，比如蚂蚁金服要在10万个村投资100个亿，可见其布局力度。而且，农村互联网金融的欺诈风险小，因为借贷对象都是十里八村的乡亲，想跑也跑不了，交易安全性很高，所以，农村互联网金融也是小米未来的方向。

当然，玩儿金融可比玩儿互联网风险更高，稍有不慎就会赔得精光。不过雷军舍不得放弃这块"新大陆"，而且小米有底气去攻占这块市场。

第一，有一大票忠诚的粉丝，目前MIUI系统全球联网用户数量至少在 3 亿，而其他生态链上的产品也吸引黏着了一部分用户，雷总一声吼，米粉也要跟着走，这就是金融操作的根基。

第二，打通了运营渠道的"任督二脉"，可以同时借助线上和线下寻找发力点，线上打不过就转移到线下，线下玩得不好还可以杀回线上，再借助云计算的数据分析，很容易就摸清规划投资、放贷的规模和方向。

第三，做好了"安保"工作，小米目前已经和世界最领先的数据隐私管理公司（TRUSTe）认证的手机厂商合作，所以能让用户放心隐私不被泄露，可以尽情地在金融的海洋中畅游。

第四，平台优势让各项数据有机整合，对个人用户、企业用户进行准确的描述，判断对方的金融属性，实现一站式和一条龙的全流程服务。

小米拥有这四大优势，就能高速地积累用户，只要吃透了国家信用贷款的规矩，就能合理合法地给用户低利息和高收益，能不让广大米粉心动吗？

雷军的互联网金融布局，严格按照了发端用户再到电商再进入支付最终聚焦金融的闭环逻辑，在扩张金融版图的同时构建股权投融资平台。凭借雷军本人的互联网效应和企业品牌，无形资产势必带动有形资产的增收，小米金融也会为征信系统和平台构建不断发力。如此一来，想要形成一个可观的格局，还需要雷军在互联网金融这个新风口上做好远期战略规划，趁着准入门槛尚且不高的时机，寻找专业的合作伙伴对接，搭上这辆正在加速的快车。

　　雷军的投资生涯正在进行，小米的金融业务也在循序渐进，而互联网金融正朝着人们打开一张网口，只有富于挑战精神的冒险家才有机会从中分得一杯羹。

　　与其说雷军在为小米布局金融战略，不如说在适应新的游戏规则，以此推动小米全生态的升级换代。

未来是 BAT 还是 ATM？

2015 年《福布斯》发布全球科技富豪 100 强，雷军和国内其他十一位同仁光荣上榜。有意思的是，美国网站用这样的话评价雷军："Known by many as the Steve Jobs of China。"画重点：Steve Jobs of China。看来，"雷布斯"的名声已经走出国门了。

这次排名还有一个亮点，李彦宏位列第四。

企业家的身价和企业的价值是紧密绑定的，李彦宏屈居雷军之后，其实也是百度业绩下滑的侧写。现在时间已经过去了三年，这个状况并没有改观。根据 2018 年的情况来看，BAT 的市值对比如下：腾讯约为 6922 亿美元，阿里为 5189 亿美元，百度为 881 亿美元。

随着小米 IPO 提上日程，上市后的股值无论多少，都会毫无争议地进入中国市值前五名，超过百度恐怕也没什么难度。据保守估计，小米的底层资产至少也在 540 亿美元上下，如果不出意外，达到 900 亿—1100 亿美元的段位应该没问题。

如果按照这样的排位，"BAT"将从我们的输入法中被删掉了，取而代之的很可能是"ATM"。

雷军是一个性格特征存在反差的人，在小米的发布会上他很高调，但在个人生活上却很低调，低到了很多人都忘了他是一个"隐形富豪"。掐指一算，今天的雷军坐拥国内互联网的半壁江山：欢聚时代、金山、顺为基金、猎豹网络……这些如雷贯耳的公司几乎都有雷军的股份和人脉，前者是有形资产，后者是无形资产。而且，"雷军系"的投资还覆盖了今日头条、美团、爱奇艺等众多知名互联网公司，雷军想不富都难。

那么问题来了，雷军腰包鼓了，小米的底气也就足了，行业的格局怕是也要跟着改写了。

BAT 一度是国内互联网界的三巨头，在长达二十年间形成了三足鼎立的格局，甚至在一些领域形成了垄断趋势。其实，BAT 的核心价值就是笼络住了上一代互联网用户的心：百度占据了信息获取，阿里巴巴占据了消费，腾讯占据了网络社交。说得不客气一点儿，这些大佬的成功靠的是才能，也靠了些运气，更重要的是出场顺序。

不过，能走到食物链的顶端，并不意味着不会被下游的小伙伴"反杀"，而百度恰恰就是掉链子的那个薄弱环节。怎么掉下来的？被时代推下来的，被自己玩儿坏的。

在进入移动互联网时代以后，人们的生活发生了变化，每个人都有了属于自己的智能终端——手机。人们能够通过手机完成线下支付、网络社交、新闻浏览，个体和互联网被紧密地连接起来，而阿里巴巴能够以消费为入口，深入渗透到用户的生活，比如上游的供应链金融、下游的金融服务，阿里巴巴以消费为核心几乎无所不能。腾讯围绕社交为中心，进入到人们日常生活中的每个环节，比如微信，既可以聊天也可以工作，还能够购物和娱乐。

相比于阿里巴巴和腾讯，百度在移动互联网时代十分尴尬，它在用户的心中越来越不重要，因为人们获得信息的方式变多了：可以通过微信浏览新闻，可以通过微博检索信息，可以通过各种社交 APP 完成资讯获取……那么，我为什么不能卸掉百度搜索释放空间呢？

百度的核心价值在移动互联网时代不仅没有加成，反而遭到了严重弱化。

更糟糕的是，百度自己也不争气，近几年负面新闻不断。比如魏则西事件，让百度股价暴跌，市值严重缩水，几乎被挤出了 BAT 前三的位置。现在，谁要是在哪个平台求问"如何评价百度"，十之八九就变成了批斗大会，这种"同仇敌忾"的场面十分罕见。

除去舆论的影响，导致百度衰弱的根本原因，还是缺少电子商务这个重要业务。关于这一点，马云早在 2016 年就做出了预言：BAT 格局将在两三年内就会变化。现在来看，这个变化就是"Baidu"的变化。

如今是看重"生态体系"的时代，谁能够建立一整套生态体系，谁就有力气继续跟对手斗下去，比如阿里巴巴和腾讯，都能在做电商的同时做互联网金融，为自己不断输送血液和氧气，扩大自身的势力范围。

其实在进入新时代之后，互联网的价值不在于提供信息而是获得用户，而小米恰恰因为手机的因素占据了"获取用户"的优势，这一点倒是和腾讯的打法有些相像。过去，人们对互联网品牌并没有清晰的认知，也缺乏品质意识，现在则不同了，用户会关注哪个 P2P 金融是百度子公司注资的、哪个共享单车是与支付宝合作的这一类问题。

归根结底，过去的用户是关心品牌知名度，现在的用户更在意品牌的"血统"。说白了，就是你"上面的人"是谁。

不仅用户这么想，那些初创型的企业也开始这么玩儿了，要想获取用户，光靠讲故事不行了，光靠拼创意也不行了，不如抱上一条大腿。这不是创业者势利眼，而是马太效应太强大。在互联网的黄金时代，一些创业公司可以经过千锤百炼修成正果，如今这一套吃不开了，不找个靠山基本上是死路一条。为什么雷军系越来越庞大，因为凡是挂在小米名下的产品，至少能节省五六年的市场开拓时间，因为获取用户方便了。

雷军将手机当成企业发展的战略轴心，这是非常高明的一步，小米如今的潜力不输给任何一个电商平台。在未来的几年间，互联网环境不会有太大的变化，但是百度被挤出 BAT 已经是不争的事实了，虽然百度发力人工智能，可运作周期长、变数大、市场前景模糊，很难靠一己之力完成，特别是在逐年走下坡路的背景下。

当然，能够替代百度并非只有小米一家，支付宝的本家——蚂蚁金服一旦上市，同样会成为极具竞争力的互联网新贵。蚂蚁金服在 2016 年完成 B 轮融资时，估值就达到了 600 亿美元，而且还有开拓国际市场的良好前景，现在和阿里巴巴成为印度支付宝——Paytm 母公司的最大股东，可谓牛气冲天。只要不出现互联网金融方面的重大政策调整或者其他意外，蚂蚁金服完全有能力填补百度的位置。毕竟，小米错过了国内互联网公司的 IPO 窗口期，被落下一步再想追上就难了。

企业的由盛转衰是常态，有人上位就注定有人出局，只有新旧交替才能促进市场的繁荣与活力。不管 ATM 能否成为未来国内互联网的新格局，雷军都笃定要发起一轮冲刺，阿里帝国也好，企鹅帝国也罢，总会有狮子打盹儿的时候，只要找准机会就有拉下一个的可能。

如果将小米看成是一个历经崛起征程的商业帝国，那么互联网思维就是帝国的地基，MIUI 是构筑防线的围墙，"铁人三项"是攻城略地的投石车，粉丝经济是招兵买马的资本，七字真经是军规铁律，"商业 3.0"是行军路线，"雷军系"是帝国的战略盟友，小米生态链则是帝国的版图规划。

从雷军天使投资人的履历不难看出，他是唯熟不投；凡客多年走下坡路，他还是义无反顾地帮助陈年；坚持用户至上原则，跟粉丝的关系很铁……种种迹象表明，雷军更像一个人治主义者，小米能走多远，要和他的人力经营能力直接挂钩，这也是他管理企业的特色之一。

不管雷军是否喜欢"雷布斯"这个称谓，他都为小米赋予了特殊的文化内涵，而他在用户心目中的位置也俨然是一位"教主"，以追随科技进步为信仰，以互联网奥义为经文，带领一批忠实的信徒去朝拜心中的理想国。

　　或者，我们抛开小米不看，抛开雷军不论，仔细回顾中国互联网的发展历程，我们会发现：无论是曾经叱咤风云的"BAT"，还是将来主宰乾坤的"AT'X'"，都将证明一个不可否认的事实：唯有创新，才能不被时代抛弃；唯有口碑，才是战无不胜的武器。

口碑：雷军和他的小米之道

总 策 划：刘志则　　　　监　制：曾荣东

策划编辑：许　峥　徐　畅　　封面创意：方与圆

内文设计：石凯辉　　　　营销支持：周莹莹

汇智博达公众号　　　汇智博达豆瓣小站

团购热线 | 010-84827588

书友会微信号 | bjbwsyh

官方微博 | @北京汇智博达

© 丁会仁 2018

图书在版编目（CIP）数据

口碑：雷军和他的小米之道 / 丁会仁著 . — 沈阳：
万卷出版公司 , 2018.7

ISBN 978-7-5470-4991-4

Ⅰ . ①口… Ⅱ . ①丁… Ⅲ . ①移动通信—电子工业—
工业企业管理—经验—中国 Ⅳ . ① F426.63

中国版本图书馆 CIP 数据核字 (2018) 第 143029 号

出 品 人：刘一秀
出版发行：北方联合出版传媒（集团）股份有限公司
　　　　　万卷出版公司
　　　　　（地址：沈阳市和平区十一纬路 25 号　邮编：110003）
印 刷 者：艺堂印刷（天津）有限公司
经 销 者：全国新华书店
幅面尺寸：160mm×230mm
字　　数：196 千字
印　　张：18
出版时间：2018 年 7 月第 1 版
印刷时间：2020 年 8 月第 2 次印刷
责任编辑：赵新楠
责任校对：张希茹
装帧设计：方与圆　石凯辉
ISBN 978-7-5470-4991-4
定　　价：56.00 元
联系电话：024-23284090
传　　真：024-23284448